女性主义有什么用？

日常
人文课

WHAT WOULD DE BEAUVOIR DO?

［英国］塔比·杰克逊·吉 弗雷亚·罗斯 著
吴庆宏 译

TABI JACKSON GEE
& FREYA ROSE

译林出版社

图书在版编目（CIP）数据

女性主义有什么用？／（英）塔比·杰克逊·吉（Tabi Jackson Gee），（英）弗雷亚·罗斯（Freya Rose）著；吴庆宏译．—南京：译林出版社，2021.9（2021.11 重印）
（日常人文课）
书名原文：What Would de Beauvoir Do?
ISBN 978-7-5447-8765-9

I.①女… II.①塔… ②弗… ③吴… III.①妇女学－通俗读物 IV.①C913.68－49

中国版本图书馆 CIP 数据核字（2021）第 120421 号

What Would de Beauvoir Do? by Tabi Jackson Gee & Freya Rose
First published in Great Britain in 2018 by Cassell, an imprint of Octopus Publishing Group Ltd
Carmelite House, 50 Victoria Embankment, London EC4Y 0DZ

著作权合同登记号　图字：10-2018-528 号

女性主义有什么用？［英国］塔比·杰克逊·吉　弗雷亚·罗斯／著　吴庆宏／译

责任编辑　陶泽慧
装帧设计　尚燕平
版式设计　黄　晨
校　　对　戴小娥
责任印制　单　莉

原文出版　Cassell，2018
出版发行　译林出版社
地　　址　南京市湖南路 1 号 A 楼
邮　　箱　yilin@yilin.com
网　　址　www.yilin.com
市场热线　025-86633278
排　　版　南京展望文化发展有限公司
印　　刷　徐州绪权印刷有限公司
开　　本　880 毫米 × 1230 毫米　1/32
印　　张　8.25
插　　页　2
版　　次　2021 年 9 月第 1 版
印　　次　2021 年 11 月第 2 次印刷
书　　号　ISBN 978-7-5447-8765-9
定　　价　48.00 元

今天的女性应该做些什么，才算“真女权”？

作家、资深媒体人　侯虹斌

为什么女性先驱们奋斗了一百多年，性别平等在今天依然是新问题？

几年前，我看了电影《妇女参政论》，由梅丽尔·斯特里普饰演埃米琳·潘克赫斯特，一位著名的女权领袖。这是最早一批争取女性权利的先驱之一。当时，由于女性与男性明显的同工不同酬，基本生存都得不到保障，她们用很多夸张的行动，来吸引大众对妇女选举权的关注。

最为激烈的是，1913年，妇女选举权倡导者爱米丽·戴卫森在爱普森的德比赛马比赛中，冲上赛道攫取国王的马缰，结果被马踏伤毙命。但是，她的死达到了预期的目的：突显了妇女参政事业。这次事件中，共有一百多位女性，因为参与女性权利的斗争而被捕。

那时，我才意识到，今天女性权益的获得，都是女权先驱们用热血和斗争换来的。来之不易，而且，稍有不慎，又会失去。

我很喜欢这本《女性主义有什么用?》。上述故事，也是书里的例子之一。这本书用非常简洁、有趣的文字，梳理了女性主义的发展史；以及波伏瓦等一系列女性主义者提出过什么样的远见卓识，又是怎样丰富了女性思考的维度。

书里的每个问题都很吸引我。比如“政治与权力”一章中，内容有“男性拥有的权利我都有了，难道不是吗?”“我为什么要费心去投票，这又不影响我的个人生活?”“女性主义为什么没能给我们带来平等？”

“婚姻与家庭生活”一章里，写的是“我和丈夫都是全职职工，为什么家务活都得我来做？”“我真的想要孩子吗？”“谁应该休假带娃？”

“工作与薪酬”一章里，讨论了“我只想做个家庭主妇，可以吗？”“我的收入为什么比他低？”“我太心慈手软，做不了领导？”“为了拼职场，我必须跟男同事一起出去喝酒吗？”

……

令人伤感的是，在波伏瓦的《第二性》出版之后七十年，这些问题竟然依然是“新”问题，还没有得到一致的认知，女性地位的改善很有限。

不过，这本书不仅仅写到“女性是否应该享有与男性平等的权利？”，还包括了“什么才是女性平等的权利？”“怎么样争取这些权利？”。每一条，都可以在社交平台上，让不同的流派吵上好几天。

比如说，女性是愿意被看作和男性一样，还是愿意被看作两个不同性别之一，让两者之间的差别得到所有人的尊重？这是一个深刻的问题。这里存在的危险在于：如果女性与男性一样，又有什么女性问题可言呢？她们只需要比男性更努力地工作，打破无形的职业障碍啊。另一方面，如果女性坚持认为她们与男性不同，她们会被视为偏离“标准”或正轨——这个标准或正轨都是男性的。这又产生了新的不公平。何况，女性的生理状态，比如月经、生育、哺乳、性行为方式等，都是与男性截然不同的。

所以，是不是“赞美差异”，才是一种更女权的态度？

先别急着抛出结论。我们需要的是更多元的角度和思考，掌握更充分的资料和信息。这个社会不缺乏结论，而是缺乏共情，站在对方立场上思考。

今天的中国，不仅在高校里，而且在公益组织里，在社交媒体上，都涌现出了不同观念的女权，呈现出五花八门的形态。女性主义，甚至成为一种显学，就算你没有听说过“女权”，你也一定听过有人在骂“女权”。

遗憾的是，拨开许许多多的话语碎片的迷雾，我们会悲哀地发现，在中国，男人和女人是否拥有平等的权利，依旧没有形成统一认识。他们更喜欢的表述是：

“中国女性地位太高了，已经骑在男人头上了。”

“女人现在想要的不是平权，而是特权。”

而另一方面，不仅男性，也有很多女性主义者的观点是：

“女性的权利是争取来的。当你成为一个强者的时候，就能拥有跟男性一样的权利了。比如，屠呦呦怎么会嚷着自己没有权利呢？”

实际上，这些浅显的话术，一百年前就已经被女权先驱们破除了。但是没有用，当女性地位没有实际上的提升时，即便重复一百年，占社会主导权的男性，也仍是听不见，不想听，不理会。

所以，我邀请大家阅读这本书，思考我们今天的女性应该做些什么，才能对得起历史上那些为争取女性个人和集体的自由前赴后继的前辈们。

共勉。

男人也应该成为女性主义者

性与性别研究专家　方　刚

1997年夏季的一天，我第一次读到一本女性主义的书，就被它点燃了。仿佛找到了一直苦苦寻找的东西，我觉得整个生命都燃烧起来。我对自己说：我就是一位女性主义者。

但是，当我自称是女性主义者的时候，时常有男性的朋友笑得趴到了桌子上。他们在想：一个男人，竟然声称自己是女性主义者？

几年后，当我开始从事基于女性主义理念的社会活动时，我也常收到来自女性的质疑的目光：一个男人，自称是女性主义者，有什么目的？一个男人，从事性别平等的工作，想从中得到什么？

身为男人，在某些人看来一定是反女性主义的，甚至是具有“原罪”的。

当我在《女性主义有什么用？》的书稿中看到关于女性主义的定义，我就知道自己可以放心为它写序了。因为，它的作者肯定了男性也可以是一位女性主义者。

我非常喜欢书中的这段话：

> 女性主义者“是任何承认男女平等且都具备完整人性的人”。男性也被纳入其中，因为他们也受到我们都生活在其中的、支配一切的无形体制的约束，而这个体制就是“父

权制”。

“我自己对女性主义者的定义是指一个男人或者女人，他或她会说，是的，今天仍然存在性别问题，我们必须解决这个问题，我们必须做得更好。我们所有人，包括男人和女人，都必须做得更好。”

正如我的阶级地位不等于我的阶级立场，我的男性生理性别也不等于我不能为男女平等奋斗。

身为社会弱势的一员，我对处于性别弱势的女性感同身受。当我受到校园欺凌的时候，我就是那个被压迫的女人；当我因为不符合支配性男性气质规范而被边缘化的时候，我就是那个被压迫的女人；当我被种种强权欺压的时候，我也是那个被压迫的女人……我们共同面对着父权制这个压迫者。

近些年，“女性主义”这个词在中国民间被污名化的趋势增强了。在许多人看来，女性主义就是为女性争权益的理念。

在我看来，女性主义是追求人人平等，特别是性别平等的理念。真正的女性主义一定是最包容的、最宽大的，不会是为了“政治正确”便剥夺个体的选择权的，更不会是“反男人”的。

女性主义不是高高在上的理想，它与我们每个人的日常生活息息相关，它可以改变我们所有人的人生。它不仅使女人生活得更好，也同样会使男人生活得更好。

在过去二十多年间，我以女性主义的理念从事学术及社会运动，女性主义不仅扩展了我的学术空间，更深深地影响了我与伴侣和孩子的关系。遇到女性主义，是我生命中最幸运的一件事情。

女性主义追求性别平等的运动进行了两百多年，性别平等仍然远远没有实现。在我看来，一个重要的原因是男性没有充分地参与到追求平等的进程中。

正如本书中引用的一位女性主义者的说法："女性主义是一场终结性别歧视、性别剥削和压迫的运动。……没有男性盟友加入这场斗争，女性主义运动就不会有进步。"

所以，身为男性，我们不仅能够，而且应该成为一位女性主义者。2010年开始，我创办"白丝带男性反对性别暴力热线"(微信号：bsdgyrx)，发起白丝带志愿者网络项目，这个项目已经有四千多名志愿者，是目前已知的唯一在中国持续地从事推动男性参与性别平等的团队。在这个过程中，我高兴地看到，非常多的男人成为女性主义者!

男人可以改变!

身为一位男性，当你成为一位女性主义者的时候，也需要对自己将面临的压力有所准备。这些压力将有来自主流男性的嘲弄，有来自部分女性的不解与歧视，有来自所有女性主义者所面对的社会主流文化的排斥。身为男性女性主义者，你受到的攻击将不会少于身为女性的女性主义者，甚至会更多。

但是，有勇气直面这种种压迫，正是女性主义者的特征之一。

"道之所在，虽千万人，吾往矣!"

在成为男性女性主义者的道路上，你并不孤单。

2020年12月27日

目 录

前　言

你可能一直想涨工资；你可能一直想有性高潮；你可能一直想知道平等的真正含义。无论如何，女性主义理论总能帮你厘清现代生活中最棘手的困惑。《女性主义有什么用？》涉及了现代女性所关心的各类话题，而且不限于此，它还能让你从日常生活问题的视角对女性主义理论进行详细的探索。

本书采取如下编写形式，先抛出一个基于实际情景的问题，例如，“约会的男性每次都坚持要买单，我该怎么办？”或者“上司坚持要我穿高跟鞋上班，这合法吗？”这些看似个人的问题可以引发有关女性问题的讨论，因为它们实实在在地影响了世界各地各行各业的女性。而最重要的是，本书呈现了古往今来的女性主义者对这些问题的可能回答。

本书所探讨的首要问题其实并不新颖，它早已被追问了许多个世纪：女性是否应该享有与男性平等的权利？在历史上，当新一波女性主义的浪潮融入主流意识时，这个问题会被大声地提出来。但是更多的时候，它只是我们自问自答的问题。我们不仅会问：“女性是否应该享有与男性平等的权利？”我们还会问：“为什么她们不能享有与男性平等的权利？”“人们会像对待男性一样对待我吗？”以及“等一下——我是个女性主义者吗？”

虽然前前后后已经有了四波女性主义浪潮，平等选举权运动也已经在世界大部分地区实现，此外还有避孕药这类革命性的科学突破，但女性在生活中仍然面临同样的老问题，并且尚未找到任何满意的答案。

不过，女性主义仍然试图回答这些问题。有时候，它也能找到一些解决方案。但是，随着挑战发生变化，女性主义者的回应也在改变。这就意味着在一些著名的女性主义者之间，在贝蒂·弗里丹和贝尔·胡克斯之间，在玛丽·沃斯通克拉夫特和西蒙娜·德·波伏瓦之间，在格洛丽亚·斯泰纳姆和凯特·米利特之间，存在着令人着迷的差别。

这些思想家都对我们生活的世界产生了重要影响，也都对当时人们频频追问的问题进行了解答。令人惊奇抑或令人沮丧的是：所有她们为之奋斗的事业仍是世界各国不断争论的问题，包括争取平等选举权、同工同酬以及消除男性暴力带来的恐惧。

本书所提到的女性主义者没有谁比谁更重要，但是通过从我们今天的时代背景出发，将她们的思想进行对比，我们能够更好地理解在现代世界中，性别具有怎样的生理和社会含义。用奥德丽·洛德的话来说，就是女性可以通过赞颂彼此的差别，共同努力，寻找解决方案。《女性主义有什么用?》试图把这些女性主义者的声音和智慧呈现在一处，并用她们的智慧去解答今天的女性可能还在思考的问题，如“常言道女人比男人更重感情，这话有错吗?”“我为什么要假装性高潮，又不敢告诉伴侣?”或者“我为什么总觉得自己胖?”

在这本书里，舒拉米斯·费尔斯通关于性别的思想可能会改变你在卧室里的行为，而吉尔曼·格里尔则会让你质疑婚姻生活；贝尔·胡克斯知道如何将男性朋友变成女性主义者，而夏洛特·霍金斯·布朗解释了为什么女性主义不该被视为白人妇女的游戏，至于罗莎贝斯·坎特，她会谈到女性如何在工作中获得更多尊重（和薪水）。

简言之，这本书涵盖了女性在日常生活中遭遇的很多问题，并且试图依赖一大批女性主义理论家的思想来解决这些问题。尽管从家喻户晓的重磅人物，到鲜为人知的女性主义运动参与者，她们可能存在很多分歧，但我们希望，她们能帮助你从不同的视角看待世界。把《女性主义有什么用？》当作你的现代女性主义指南吧，或者把它当作一位痛苦的老阿姨——在这位痛苦的老阿姨身上，汇聚了几个世纪以来最伟大的女性主义智慧，它们成就了一位真正非凡的女性。

第一章：政治与权力

什么是女性主义？

波伏瓦 ‖ 德古热 ‖ 沃斯通克拉夫特 ‖ 特鲁斯 ‖ 斯坦顿 ‖ 塔布曼 ‖ 岸田俊子 ‖ 迪尼斯 ‖ 潘克赫斯特 ‖ 米利特 ‖ 卢森堡 ‖ 蔡特金

世界各地的女性一直在为争取她们的权利而进行漫长的斗争，以至于“女性主义者”一词所指的必定是一大群人。她们对女性主义的内涵和女性应该拥有哪些权利有很多想法。所以，回顾女性主义积极分子最初的活动和理论根基，或许有助于我们理解女性主义。那时，法国女性主义者和哲学家**西蒙娜·德·波伏瓦**（Simone de Beauvoir，1908—1986）在《第二性》(1949）中问道:“女人是否真的存在？”

西蒙娜·德·波伏瓦说，我们所说的“女人”一词意义不明。我们被告知女性气质“处于危难之中”，我们被强烈要求“做女人，坚持做女人，变成女人”。她说，似乎每个人类女性“都必须与一个神秘而濒临消失的东西——女性气质联系在一起”。她在这里指出：女性是被社会教化“成为”女人的，即“她”在不同文化中的内涵不同，根据她所处的社会对她的角色限定，她的存在可能并不令人满意。“决定女性社会形象的不是生理、心理或经济状况；人类文明作为一个整体制造出了这种……被描绘成女人的生物。”波伏瓦为女性权利的讨论奠定了理论基础，她打开了一扇灵活理解女性气质的大门，这在今天的性别流动观念中非常活跃，并确定了女性在争取平等的过程中会反复遇到的三个问题：女性的生理形态、女性所谓的“心理特征”和社会经济权力的匮乏，而它们的存在是因为女性依据定义在所有方面都与“男人”不同。

生理不能决定命运

1946年，即法国妇女获得选举权的第二年，波伏瓦宣布，她经过很长时间的犹豫，才决定撰写一本关于“女性”的书，因为“这个话题特别令女性恼怒，而且由来已久”。她可能想到了公元前4世纪的古希腊哲学家亚里士多德，他早就在《政治学》第一卷中声称：“女性的天性和她们所有的潜能都源于她们的生理特征。”亚里士多德接着起劲地写道：“男性天生优越，而女性天生低劣；他们一个是统治者，另一个是被统治者；这个原则必然适用于所有人类。”

这段话本应该引起女性的警觉和抗议。但是两千多年来，由于各种原因（可能是缺乏经济实力、政治平台、集体组织和资金？），女性并未能在政治上挑战这种思想——尽管在古希腊的莱斯博斯岛上，比亚里士多德早出生两百年的女诗人萨福能够愉快地忽视社会施加给女性的行为准则。另一方面，也许正是因为女人天性不愿按照男人的命令行事，于是世界各地才兴起了各类文化、经济和宗教机构，好确保男人在生活的各个领域都手握大权。从历史学家埃斯特尔·弗里德曼的作品中，我们可以看到全球各地的权力网络是如何演化而来，并由此催生出僵化的阶级分层，造成了财富和权力的严重不平等，在不同的种族和性别之间尤甚。

自中世纪以来，欧洲出现了几位女性权利的独狼，如德国女神学家希尔德加德·冯·宾根（1098—1179）、法国作家克里斯蒂娜·德·皮桑（1364—1430）和弗朗索瓦·普兰·德·拉巴尔（1647—1723），他们“放肆”地反对女性被分配的“自然”地位：

妇女参政权论者在争取选举权的斗争中常常遭遇暴力威胁

主要是男人的助手，使得男性可以追求理想的生活。在18世纪，随着“人权”观念的兴盛，又有一批作家开始谈论不同性别的人类所经历的不同生活，如法国的**奥兰普·德古热**（Olympe de Gouges，1748—1793）和英国的**玛丽·沃斯通克拉夫特**（Mary Wollstonecraft，1759—1797）（参见下文第43—44页）。她们发现当男人谈论“人权”时，他们实际上只在谈论“白人男性的权利”。因此，她们要代表“女性”集体发出反对的声音。女性主义作为一场政治运动由此拉开了序幕，并且迅速发展起来。

女人不是男人

到19世纪末，第一波女性主义者开始打破固有的“女性”概念，这些人包括美国的**索杰纳·特鲁斯**（Sojourner Truth，1797—1883）、**伊丽莎白·卡迪·斯坦顿**（Elizabeth Cady Stanton，1815—1902）、**哈丽雅特·塔布曼**（Harriet Tubman，1822—1913）、日本的**岸田俊子**（Kishida Toshiko，1863—1901）、巴西的**弗朗西斯卡·迪尼斯**（Francisca Diniz，1859—1897）和英国的**埃米琳·潘**

“阴柔”女性在本质上的被动性是她年幼之时就发展起来的一种特质［……］这是社会和教师强加给她的命运。

——西蒙娜·德·波伏瓦

克赫斯特（Emmeline Pankhurst，1858—1928）。索杰纳·特鲁斯尤其反对把“女性”视为享有特权并“需要人扶上马车”的白人女性。1851年，她在一场闻名后世的演讲中抗议道：“我生育了十三个孩子，并眼看着他们被卖身为奴……难道我不是女性吗？”第一波女性主义者主张：女性应该被视为享有完整经济和政治权利的个体公民。但直到20世纪，女性才凭借集体的力量，从这些观点出发，掀起了一场影响全世界的强力运动，由此出现了第二波女性主义者，她们以激进的姿态对待她们在四周所看到的世界。

重点思考题
阻碍女性发展的隐形权力结构有哪些？

第二波女性主义者把波伏瓦的《第二性》奉为“圣经”，开始破除女性有着基于生理和心理的“弱点”的陈旧观念。她们还意识到另外一个问题：所有争论的背后都有这样一种语言和假设，即男性是主体，女性是他者。正如波伏瓦注意到的那样，“[男人]至多愿意给予他者性别以‘区别而平等的地位’”。澳大利亚女性主义者戴尔·斯彭德认为，问题不仅在于由制度体现出的男性权力，还包括以“男性规范”来组织的语言。她说，以这样的语言给世上的各类事物和事件分门别类，看似无伤大雅，但它实际上是“有史以来人类所编写的最无孔不入且危害深远的规则之一”。

> 恰恰是因为男性拥有权力，他们才能建构男性优势神话，并让所有人接受它。
>
> ——戴尔·斯彭德

它意味着，男性才是标准的或“正常的人”，这个观念一直伴随着我们的成长过程。斯彭德说，既然只有一套标准，那么“不符合标准的人都被归入离经叛道的行列”。所以，它并不是把人类分成两个平等的部分，而是把人类分为“男性+”和“男性–”。女性因为不同于男性，她们甚至被自己使用的语言所束缚，陷入一种无足轻重和无能为力的境地。

第二波女性主义者意识到，除非女性从无孔不入的男性视角之外看问题，否则她们将永远无法获得平等或认可。她们得从根本上审视性别状况，找出女性的真实想法和生活方式，而不是回应男性的观点。在20世纪60年代，这一决定促使美国和欧洲出现了许多提升觉悟的小组。正如美国女性主义者卡罗尔·汉内斯克和**凯特·米利特**（Kate Millett，1934—2017）所言，女性通过小组会议和个人经历讨论，得以看清共同的模式，从而开始看到“个人事务同时也是政治议题”。她们从女性的视角和语言来探索女性的经历，女性运动由此在理论上有了巨大的飞跃。从那时起，女性主义就将社会行动和理论相结合，不断向前发展，每一股力量都相互影响。

在18世纪，沃斯通克拉夫特为女性的政治权利辩护，而第二波女性主义者则主张以全新的方式理解所有社会、文化和政治的机制及其对女性的束缚。米利特赞同波伏瓦的观点，即问题在于文化的规训。她特别提到，文化规训使得男人发展好斗的冲动，同时教导女人将这些冲动内化，对它们进行遏制。接着，男人又错误地宣称，他们的好斗与生殖系统有关，而与社会教化无关，甚至用“那个家伙有种”等话语来表示称赞，这必然会把女性排除在竞争、勇气、胜利和权力的凯旋画面之外。

孩子们从小就不断地被灌输严格的性别角色观念

第二波社会主义女性主义者，如德国社会活动家**罗莎·卢森堡**（Rosa Luxemburg，1871—1919）和**克拉拉·蔡特金**（Clara Zetkin，1857—1933）认为，资本主义在压迫女性方面具有至关重要的作用。她们说，只有通过女性的无偿劳动，如养育孩子、烧饭做菜、照料老弱病残，男人才得以自由地投身于公共事务和有偿劳动。这种男女劳动分工完全不同于前资本主义社会所认同的性别分工，非常直接地服务于男性利益，并间接地服务于资本主义制度。她们指出，只要女性一直提供这种无偿劳动，男人就能顺着资本主义体制不断向上爬，始终掌控着体制权力，并永远把女性排斥于权力结构之外。女性要想改变权力平衡，就需要改变资本主义制度、阶级制度和女性自身。

第三波和第四波浪潮

对很多女性而言，第二波女性主义者的观点显得过于激进，20世纪90年代兴起的第三波女性主义者故而要求回归“女性气质”，她们不像其激进的先驱者那样提倡中性服饰，而是宣称抹口红、穿高跟鞋和性感衣着都没有错。她们并不直接反对男性统治或文化定势，而是通过反转性别歧视、种族歧视和阶级歧视的符号，来改造先前遭到废弃的词语和事物。第三波女性主义者赞美“差异”，认为各种群体和身份都是平等的。

以此观之，女性主义似乎正在不断扩展疆域，以至于我们觉得男性对女性的束缚作用已经微乎其微。但是随后，成长于社交媒体时代的年轻女性开始在网上谈论性骚扰、厌女症和身体羞辱的体验。显然，她们的经验分享引发了第二轮提升觉悟的活动。我们可以看出，自19世纪以来，世界在很多方面并未改变：无论在工作场所里、街道上，还是在家中，女性仍然遭受歧视（有时甚至是侮辱），权力结构未曾改变。然而在21世纪，女性之间拥有了相互交流的能力，这意味着第四波女性主义正迅猛成长。也许击垮美国电影巨擘哈维·韦恩斯坦，令其因性侵而锒铛入狱的正是第四波女性主义。

抉择时刻

何为女性主义者？美国社会活动家格洛丽亚·斯泰纳姆提出了一个包罗万象的定义。她说，女性主义者“是任何承认男女平等且都具备完整人性的人”。男性也被纳入其中，因为他们也受到我们都生活在其中的、支配一切的无形体制的约束，而这个体制就是“父权制”。所以，尼日利亚作家奇玛曼达·恩戈兹·阿迪契曾简单概括道：“我自己对女性主义者的定义是指一个男人或者女人，他或她会说，是的，今天仍然存在性别问题，我们必须解决这个问题，我们必须做得更好。我们所有人，包括男人和女人，都必须做得更好。”

男性拥有的权利我都有了，难道不是吗？

琼加拉 ‖ 纽伍斯

人们常常认为人权涵盖了女性权利，但实际并非如此。由于妇女具有生育能力，她们对权利有着特别的需要——而这些权利通常被认为过于具体，而无法被纳入人权立法之中，以致常常遭到忽视或者省略。另一方面，由于妇女是成年人，所有人权立法机构都假定，它们已经包括妇女所需要的所有权利。女性主义者则坚持认为，无视性别差异的立法会给女性带来危险的后果，这一点可以通过对女性权利的探讨显示出来。

在女性主义运动的早期阶段，有那么一个深刻的问题：女性是愿意被看作和男性一样，还是愿意被看作两种不同性别之一，让两者之间的差别得到所有人的尊重？这里存在的危险在于：如果女性与男性一样，又有什么女性问题可言呢？她们只需要比男性更努力地工作，打破无形的职业障碍就可以了。另一方面，如果女性坚持她们与男性不同，她们会被视为偏离“标准”或正轨——这个标准或正轨都是男性的——所以，女性就是低劣的。1975年，在墨西哥城召开的第一次世界妇女大会上，巴西女性主义者**多米蒂拉·巴里奥斯·德·琼加拉**（Domitila Barrios de Chungara，1937—2012）的讲话更直接地表达了上述观点。她说，她能看到两种解放。其一认为只有当女人的行为举止跟男人的一模一样，而不论这些行为的对错，女人才能获得解放。但是，她接着说：“同志们，难道我们真的想抽烟吗？……如果男人有十个情妇，是否意味着我们也得跟他们一样拥有十个情夫？我们应该怎么做？我们这样只会有损人的尊严。”

作为一位生于玻利维亚安第斯山脉的土著女性，琼加拉度过了贫穷、受人欺凌的童年，成长为一个坚强的社区组织者。她针对食品价格高涨、文盲率高和医疗救助不足等问题提出了许多抗议，最终成功竞选公职。她说，那些希望跟男人完全一样的人，都是“拥有一切的富有女性”，她们采用的方法对于劳动妇女是没有意义的。她说，我们希望“自己像个堂堂正正的人一样得到尊重，我们希望我们能参与问题解决和各类活动——文化、艺术、文学、政治和工会活动——解放意味着无论在家中还是在外界，我们的观点都能得到尊重！”

重点思考题

如果女性不再为她们的权利而斗争，将会发生什么？

女性长期以来一直被等同于私有财产。1707年，英国大法官约翰·霍尔特勋爵把一个男人与另一个男人的妻子发生性关系描述为“对他人财产的最大侵犯”

琼加拉想要的不只是观念上的认可，而且是真正的改变，她点出了女性权利的三个重要问题。第一，女性权利是否已经被庄严地载入“人权”法案了？第二，如果回答是肯定的，有没有贯彻这些权利的具体措施？第三，许多女性问题都被视为“家庭内部事务”，它们是否因此被排除在庄严的司法权利之外？

琼加拉提醒她的听众，在1948年，世界上所有的国家都制定并通过了一套由联合国规定的人权法案，规定女性拥有“参与一切活动的人权”。她说，因此在已签署协议的各国（包括玻利维亚），女性都已经拥有自己所需的所有权利。但是，即使玻利维亚女性可以参加任何活动，政治家是否开展工作，教育、培训和鼓励女性参与活动呢？立法者这么做是不是为了劝说女性给某个政党投票，然后又将她们抛弃在一边呢？

女性权利是否有所不同？

有些女性主义者认为，仅根据人权立法承认女性是完整的人，这是不够的。女性的生活和日常体验引发出各种不同的问题，其中包括女性的身体主权等重要权利，它们始终都没得到考虑。从女性割礼（割除部分女性生殖器官）到“荣誉处决”，再到童养媳婚姻（有些国家的女孩十岁就被迫结婚），许多宗教习俗和文化惯例常常宣称自己拥有凌驾于女性的权利，尤其是拥有处置女性身体的权利。2014年，一份联合国儿童基金会的报告指出，以尼日尔为例，在四十九岁以下的成年妇女中，77%的人在十八岁前成婚，而相比之下，该年龄段的成年男性于十八岁前成婚的比例只有5%。至于怀孕，世界上任何一个国家都有人信誓旦旦地认为，甚至从怀孕那一刻起，男人对胎儿的权利或未出生的胎儿的生命权就凌驾于女性对自己身体的权利。《联合国儿童权利公约》涵盖了儿童的生命权问题，然而《消除对妇女一切形式歧视公约》却并未涵盖女性的生命权问题。

人权立法并不涉及这类女性权利，即使是任何下辖此类权利的法案，其补充条款也往往会取消此类女性权利。例如，阿尔及利亚虽然正式签署并批准了《消除对妇女一切形式歧视公约》，却

神圣婚姻的束缚

附加了一项保留条件，即公约不得与《阿尔及利亚家庭法》相抵触。这就使得在这部为保护女性而起草的文件当中，女性权利完全遭到了排斥。正如国际组织“立刻平等”的创始人**杰西卡·纽伍斯**（Jessica Neuwirth）指出的那样：“事实上，阿尔及利亚表示，只要该国无须采取任何措施执行《消除对妇女一切形式歧视公约》，它就愿意执行这部公约。”这与琼加拉在玻利维亚目睹的情况如出一辙。

女性身体之所以在“人权”方面问题重重，在于女性具有生育的能力。因此在涉及性（生育控制和生育同意）、家庭规划的信息权和服务权，以及生育所引起的各类医疗问题方面，女性的个人权利都很容易受到侵犯。正是信息和医疗的匮乏，导致与怀孕相关的死亡成为世界各地十五至十九岁女孩的首要死因。在塞拉

相比手握绝对权力之人的仁慈，还是权利更可靠。

——丽贝卡·索尔尼特

利昂，由于割礼会带来额外的风险，加上难产被视为女性不贞的标志（女性在被急诊救助之前，必须对所谓的不忠行为做出“忏悔”），每八位女性就有一人死于怀孕或生产。

女性需要掌握自己的身体权和人生选择权，但它们往往因为法律不敢跨越家庭的雷池而无法得到实现。事实上，恰恰是在家中，成年和未成年女性最需要此方面的法律保护。19世纪女性主义者在争取妇女选举权的同时，也要求女性对婚内性生活拥有话语权，但是这方面的要求被悄悄忽视了。根据联合国的《世界妇女进步报告》（2011），只有52个国家修订了相关法案，使婚内强奸成为犯罪行为；还有127个国家没有采取这样的措施。女性也仍然在为争取同工同酬等公共权利而斗争。同时，她们的战场还包括家庭虐待和暴力、非自愿性接触、买办婚姻或非自愿怀孕。用新泽西州女性全球领导中心创建者夏洛特·班奇的话来说，如果把当今被用于抵债的妇女儿童、家庭奴隶和性奴的数目相加，你会发现人类历史上从未有哪个时代有这么多的奴隶。而奴隶是没有任何权利的。

抉择时刻

“男性拥有的权利我都有了，难道不是吗？”对于这个问题，我们的答复是：事态并不乐观。你所拥有的权利，以及各类机构（从跨国公司到警察）对权利的执行与否，都取决于你生活的地方，你拥有的财富，你的肤色，你的身体健康状况和你周围的宗教信仰氛围。女性必须不断努力，改善这些权利，这不仅仅是为了她们自己，也是因为正如法国政治家夏尔·傅立叶在1808年所说的那样：“女性权利的延伸是社会进步的基本原则。”看来成败未定，还有许多事情要做。

我为什么要费心去投票，这又不影响我的个人生活？

沃斯通克拉夫特 ‖ 潘克赫斯特 ‖ 福西特 ‖ 戴卫森 ‖ 斯坦顿 ‖ 阿廖希娜

对许多妇女而言，选举权好像是自动产生的，根本不值得思考。事实上，许多人（不分性别）对大选之事毫无兴趣，对任何政党都没有意见（或者可能根本不相信）。作为一个女性，大选之日对你会有什么不一样？

政治常常看起来属于另一个世界，我们可能会通过社交媒体评论政治，但政治本身不顾网上的抗议或调侃，以一种不讨人喜欢的方式进行着。在政治问题上，公众似乎总是有发言权的，而这实际上只是相对新近的情况——历史上大多数时候，在大多数国家中，舆论在当权者眼中都是微不足道的。世界上最古老的议会的发源地在冰岛，从公元930年，它就开始倾听“所有自由人”的意见，该“民主”思想为后来兴起的议会奠定了基调。随着议会在欧洲、美洲和澳大拉西亚地区形成，有色人种、女性和奴隶通常都被剥夺了参与所谓民主进程的权利。（据女性主义历史学家埃斯特尔·弗里德曼说，在殖民者到来之前，非洲和拉丁美洲的女性享有与男性基本平等的权利，而随着殖民者把他们的制度强加给被殖民地区居民之后，这种平等传统也就丧失了。）

情况渐渐地发生了改变，奴隶制被正式废除。1870年，美国“非白人男性和被解放的男奴”获得了选举权。然而，女性在法律上还没有被公认为独立的人，仍然只是丈夫或父亲“拥有”的财物（参见上文第15—17页）。官方的说法是，妇女不需要选举权，因为可以安全地假设，她们的利益将在丈夫和父亲的投票中得到满足。此外，在当时的大多数国家里，女性被看作不理智的生物，不适合参加选举。与此同时，女性“天生”适合管理家务，因为管理家务并不需要敏锐或聪明的头脑。1792年，作家**玛丽·沃斯通克拉夫特**对这一观点提出了异议，她说，不该把女性看作“好像是永远长不大的、无法自立的孩子”。沃斯通克拉夫特在其开创性著作《为女权辩护》中，试图证明女性在智力上和男性没有差别，只是女性始终被剥夺了接受教育的权利，使她们无法增加自己的知识，培养理性能力。她还指出，不让女性接受教育的背后可能有政治的原因。她主张："开阔视野能够强化女性的头脑，让女性不再盲目顺从；由于权力总是寻求盲目的顺从，暴君和贪恋肉欲者自然努力把女性蒙在鼓里，因为暴君只需要奴隶，而后者只需要玩物。"

在沃斯通克拉夫特的领导下，女性开始质疑：她们被挡在政治和法律体制之外，却又被要求在这个体制下劳动，遵纪守法，这是不是很不公平？19世纪中期，英国女性开始在全国妇女参政协会的领导下组织起来，这种不满情绪逐渐发酵，最终形成了第一波女性主义浪潮（参见上文第8—9页）。她们以文明、合法的方式表达抗议：她们向议会请愿，举行公众集会，通常举止有度。然而，她们努力了很多年却不断遭遇失败，其中包括1870年第一次妇女选举权提案的失利。于是，一些女性决定有必要采用更注重行动、更不“阴柔”的方法，是时候向整个男性政府展示她们运动的严肃性了，她们决意要让政府倾听她们的声音。

轰炸行动

在**埃米琳·潘克赫斯特**和**米莉森特·福西特**（Millicent Fawcett,

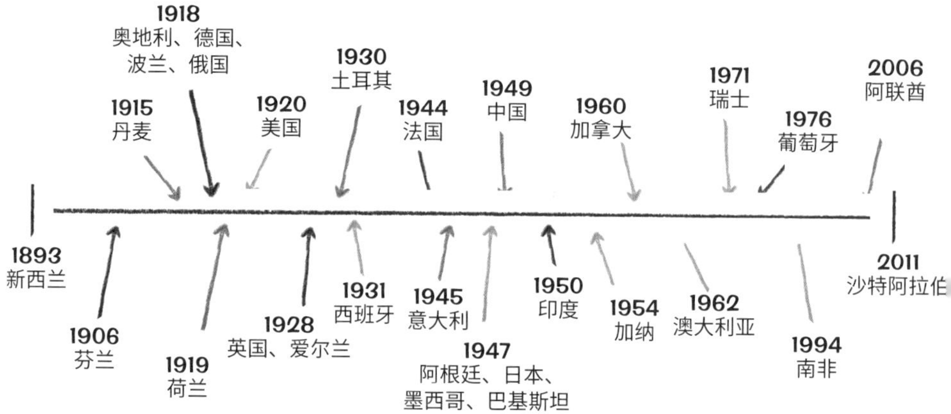

世界各国普选权出现的时间轴线图。在图中的南非、澳大利亚和加拿大等国，全面普选权实现较晚，而其白人女性先于有色人种女性和/或土著女性获得了选举权

1847—1929）的领导下，英国女性采取了新的战斗行动。她们砸烂店铺的窗户，割断电话线，掀掉（男性专用的）高尔夫球俱乐部草皮，破坏博物馆中的裸女画像，纵火焚烧邮筒、著名建筑物和政治家的府邸，甚至在圣保罗大教堂、威斯敏斯特大教堂和英格兰银行附近放置炸药，使得当局再也无法对其视而不见。1913年，妇女选举权倡导者**爱米丽·戴卫森**（Emily Davison，1872—1913）在爱普森的德比赛马场中，冲上赛道攫取国王的马缰，结果被马踏伤。虽然四天之后，她因伤势过重而过世，但是她的死达到了预期的目的：突显了妇女参政事业。

1900至1914年间，有一百多名女性因为战斗行动先后被捕入狱。她们中很多人在狱中进行绝食抗议，当局为了阻止她们抗议，甚至强行给她们喂食。警察把抗议女性绑在椅子上，用钢叉撬开嘴，把橡皮管塞进喉咙，常常因此撕裂她们的咽喉组织。1913年，埃米琳·潘克赫斯特先后经历了十二次绝食抗议，忍受了巨大痛苦。原因在于当时的《猫捉老鼠法案》规定，当局可以释放绝食抗议者，等到她们身体复原再把她们抓回监狱。根据这个法案，埃米琳·潘克赫斯特被反复释放和抓捕。1913年，在她最后一次获释后，她前往美国进行巡回演讲。“我此行来到美国，”她说，“是要说明当女性发动一场内战时，它会是什么样子。”截至此时，这场战役已经打到了大洋彼岸。

美国选举权运动

露西·彭斯、艾丽斯·保罗和哈蕾亚特·斯丹顿·布朗奇这三位美国女性都完全赞同潘克赫斯特的观点——妇女没有选举权意味着：由于缺乏继承权、财产权或有偿劳动的权利，她们会永久性地被法律剥夺独立的权利。因此，妇女必须采取直接的行动。

布朗奇的母亲是美国妇女选举权运动先行者：**伊丽莎白·卡迪·斯坦顿**。1848年，卡迪·斯坦顿及其废奴主义伙伴卢克丽霞·莫特在纽约州的塞内卡瀑布举行会议，讨论女性的社会权利、公民权利和宗教权利。卡迪·斯坦顿发表演讲说：“我们认为以下真理是不言自明的：所有的男人和女人生而平等；他们都被上帝赋予了一定不可剥夺的权利。”卡迪·斯坦顿频繁地呼吁赋予妇女选举权，而当政府为扩大选举权而颁布第十五条修正案时，卡迪·斯坦顿和苏珊·B. 安东尼皆认为，新的修正案应该赋予人们“普遍选举权”，但是男性当权者却决定在“普遍”之后加上“男

> 无权者的冤屈和不幸最易于被彻底忽略。
>
> ——埃米琳·潘克赫斯特

伊丽莎白·卡迪·斯坦顿

性”一词。结果有色人种男性获得了选举权，而美国女性要等到五十年后，才最终在1920年获得选举权。至此，在妇女选举权和其他女性权利方面，世界上其他一些地区已经走在了美国前面；1893年，新西兰政府最先给予妇女选举权。及至1900年，女性运动迅速波及五大洲，各地领袖包括拉丁美洲的弗朗西斯卡·迪尼斯和伯莎·卢茨，中东的卡西姆·阿明，亚洲的岸田俊子和俄国的亚历山德拉·科尔隆泰。

我现在不需要再为这一切担心了，是吗？

伊丽莎白·卡迪·斯坦顿和埃米琳·潘克赫斯特认为，妇女选举权将在劳动、工资、财产和身体主权（她们的身体使用）等权利方面赋予女性发言权，并且帮助女性抵御包括丈夫在内的任何人的身体侵害。今天，世界各地的女性仍在为争取上述权利而进行着斗争，而政府的每一次改弦更张都可能对她们提出挑战。全世界所有议会的议员中仅有22%是女性，这就意味着男性仍然控制着世界各地的立法机构。虽然如今除梵蒂冈以外，所有国家均已赋予妇女选举权，但有些国家的女性权利依然受到严格限制。在沙特阿拉伯，妇女于2011年首次被允许参加选举。但是，没有男性的同意，她们仍然无法进入政府机构。在法国，妇女直到1944年才获得选举权，然而到2000年，她们已经对政府有足够的影响力，使得性别对等法得到采纳，以确保政府候选人名单上

重点思考题

如果女性不参加投票和选举，让男性掌握所有的政治权力，法律将为谁的利益服务？

男女比例均等，由此促使妇女参选和被选人数增加。2012年，法国内阁成员男女比例出现均等之势。在法国女性主义者看来，这是一个良好的开端，但她们也承认，还有很长的路要走。2014年当选巴黎首位女市长的安妮·希尔达戈在获胜演讲中明确表示："我是巴黎的首位女市长，我明白这是个挑战。"

抉择时刻

据各国议会联盟统计，自2015年以来，全球范围的女性议员人数一直停滞不前。女性未能增加属于她们的议会席位，对政治的参与度也越来越少。暴动小猫乐队的女性权利积极分子**玛利亚·阿廖希娜**（Mariya Alyokhina，1988—　）曾因参与运动而入狱，她说："无论情况如何，你都必须坚持行动。我反对漠不关心和无动于衷……我为自由和选择而战。"她邀请你与她为伍。

素不相识的男人为什么要喊我“甜心”？

弗莱 ‖ 波伏瓦 ‖ 古里安 ‖ 吉拉德

地球上的每一位女性可能都遇到过这种奇怪的现象：一个完全陌生的男人会用假装亲昵的词来称呼你，就好像与你已经有了某种关系，而事实并非如此。这种事为什么这么烦人呢？男人为什么会这样做？

当完全陌生的男人说出“甜心”等明显“充满爱意”的词时，大多数女性都会产生特定的反应。她们一般会觉得自己在精神上（甚至是肉体上）对这个男人退避三舍。男人只想表现得好像他只是“很友好”，而女人却似乎蛮不讲理。如果她真的反对，他很可能会说“亲爱的，你怎么一点都不幽默呢？”他又用了一个假装亲昵的词，把这种令人不安的交流的所有责任都推给女人。女人感到手足无措，男人却肆无忌惮。

美国女性主义者**玛丽莲·弗莱**（Marilyn Frye，1941—　）仔细琢磨了这些日常经历，她注意到，它们常常会造成一种双重束缚。她在《性别歧视的系统性鸟笼》一文中指出，“oppression”（压迫）一词的词根是“press”（按压），因为压迫意味着让一群人承受各种各样的压力，使他们被限制、被约束或者被束缚。女性在生活中面对着一张复杂的压力网络，如果女性违反了任何规则，她们就会受到惩罚，遭受损失或蔑视。这些规则源自女性面对的各式压力，而压力则取决于一个女人是否在外工作，是否依靠救济生活，是否抚养孩子，是否结婚，是否异性恋、同性恋，两者都是或者都不是。压力源自经济地位和文化期望（来自家庭、宗人们总是被无穷无尽的小事所束缚。
——玛丽莲·弗莱

教、阶级或对某一种族或政治团体的忠诚），而它们决定了“女人应该怎样”。

在某种意义上，这个问题又把我们带回到**西蒙娜·德·波伏瓦**的断言：女人被男人视为他者（参见上文第9页）。不过，弗莱感兴趣的是：男性希望用什么特殊的方法让女性成为他者，以及他们如何向女性传递这些信息。她说，这就是性别歧视的真意；它不仅否定了女性的平等权利，还规定了女性的行为举止。一旦她们的行为逾越了男人为“女人”设定的界限，她们就会感到一种微妙的压力，让她们重回正轨。

活在鸟笼里

弗莱说，虽然每件小事看来全然无害，但是积少成多就不同了。她说，这个问题应该这样看，它就如同一个鸟笼。如果你凑得非常近，你会觉得单独每一根金属丝，都不会困扰到笼中的鸟儿，它们完全可以轻松地绕过金属丝飞行。此外，即使你一根根地审视这些金属丝，你也无法揭示一只鸟儿如何能够被它禁锢或者伤害。但是，如果你退后一步，突然看到整个笼子，就会立刻清楚地发现：鸟儿被“系统化相互关联的屏障”所包围。尽管这些屏障单凭自身都不会妨碍鸟儿飞翔，但合在一起，肯定会像“铜墙铁壁”那样限制住鸟儿。

这就是压迫难以被我们察觉和辨别的原因。弗莱说，每个女人在日常生活中都会一次次遇到这样单独的“金属丝”，而她们一生从小到大，单身或为人之妻、为人之母，直至年老体弱，都会在社会中遭遇各方势力联结而成的压力之“网”。而在家里和工作场所，当她们将社会的期望内化，想要“做个好女人”并招人喜欢，这些行为就会起到进一步强化压迫的作用。由社会规则和期待编织出的这只鸟笼既是外在的，又是内化的，以致这个完美的结合看起来“十分正常”。

玛丽莲·弗莱让我们把不同的压迫要素视作鸟笼的金属丝

那么，如果女人拒绝把她们看到的这种压迫状态视为正常，会发生什么呢？如果她不配合这场游戏，会怎样呢？外部世界的第一种反应通常是对女人的抱怨轻描淡写，坚持认为这是因为她太愚蠢或太缺乏幽默感而无法善解人意（这常常足以让女人翻着白眼走开）。在弗莱看来，外部世界的危机感会随着女性的反叛程度而发生变化。我们可以预测，女人如果穿着性感，会被视为卖弄自己的性魅力，可是如果她着装中性，则会被说成不修边幅，或者“不像女人”。如果她言辞激烈，她就成了娼妓或者荡妇；反之，则是“淑女”，却因此太过纤弱而无法应对严肃的探

重点思考题

男人之间会用类似的亲昵方式说话吗?

讨或生活的现实。

弗莱说，对女性主义者来说，这些假装亲昵的用语的用处在于：它们令女性走近“金属丝”，好好看看这一特定部分在整体系统中是如何运作的。在日常生活中，如果一个女人发现自己被如此称呼，这可能与当时的情况存在某种内在联系，以致男人要借此重新确立他的支配地位。这在女客户负责移交钱款的货币交易中尤为常见，而只要女性可能占据了支配地位，对正常的权力体系构成威胁，它也有可能会发生。2011年，英国首相大卫·卡梅隆试图否定一位女议员的观点，他对她说：“亲爱的，请你冷静一下。”2012年，优步公司董事大卫·邦德曼的手法则略有不同，他提出：让更多女性进入董事会将导致“更多的口舌之争”。

这些评论将女性贬为不需要认真对待的“可爱的小东西”。此外，男人自认为有权以任何方式称呼女性，只要他喜欢就行，而女人却很少这么做。根据罗杰·布朗和阿尔伯特·吉尔曼的经典文章《权力与团结的代名词》，称谓语可以改变对话的权力结构，将平等的成年人之间的对话变成强者与弱者之间的对话。他们表

> 除了最和煦的面容以外，任何表情都会让女人显得卑鄙、尖刻、愤怒或危险。
>
> ——玛丽莲·弗莱

示，在许多语言中，第二人称可以用相对日常或相对正式的方式来表达，比如法语中的tu（你）和vous（您）。人们知道在什么时候和什么场合用这些词。如果谈话双方用同等的语言相互称呼的话，表示他们彼此平等。反之，则隐含着高下之分。用亲昵的称谓或词汇（如“甜心”）称呼陌生人，只会显示出说话者高人一等，而说话者还会期待被称呼方用礼貌和正式的口吻来答复，这就更加显示出说话者的地位之高。在这种情形下，亲昵称谓并不表示亲密，而是要宣示优越地位。当一个女人被素不相识的男性称为“甜心”的时候，她潜移默化的教育和外在社会压力都令她明白，她得心存感激。弗莱表示，受压迫的女性往往被要求报以微笑，“如果我们服从，我们就表明了自己的顺从和对自身处境的默认”，这样，压迫力量就可以继续假装每个人都对现状感到满意。“那么，我们就不需要得到关注，我们默认让自己成了隐形人。”

而如果我们不报以微笑，弗莱说，我们就会显得“卑鄙、尖刻、愤怒或危险”。我们会被指责“难以”合作或者令人不愉快，因此有丢掉工作的危险。根据记者**索菲·古里安**（Sophie Gourion，1973— ）的说法，如果女人在家里“不守规矩”，到了法庭上，它就会成为家庭暴力甚至“荣誉处决”的理由。她对人们的用语进行了研究，发现那些杀害伴侣甚至屠杀整个家庭的男性常常把自己的罪行归因于伴侣的行为举止（“发脾气”或“崩溃”），而与自己无关。她还表示，媒体还经常忽视这些案件中男性的长期暴力行为。这些事件可不是所谓的“激情犯罪”或“家庭惨剧”（在男人杀死配偶和孩子后再自杀的新闻里，这是一种典型用语)。古里安说，这些词汇使得针对女性的暴力行为看上去平庸而正常，甚至微不足道。她说："语言在杀人。"

抉择时刻

如弗莱所说，女性应该继续隐身，挂着微笑继续前行，还是冒着被嘲笑和威胁的风险挺身而出，你必须做出选择。有些女性觉得斗争是值得的，如澳大利亚前总理**朱莉亚·吉拉德**(Julia Gillard，1961—)。2012年，吉拉德终于向反对党领袖托尼·阿博特的诸多糟糕的父权言论发起谴责，他曾说澳大利亚女性"在熨衣服的时候需要想明白一件事情"，他也曾将堕胎视为"避重就轻的做法"。在一次精彩的演讲中，吉拉德炮轰了他一条又一条谬误言论和性别歧视观点。所以，下一次当你被称为"甜心"时，不妨想一想吉拉德，并以她可能采取的方式去回应。

常言道女人比男人更重感情，这话有错吗？

杰克曼 ‖ 格利克 ‖ 费斯克 ‖ 格克瓦

关于男人和女人是否相同这个问题，我们已经争论了很久，女性主义者最讨厌的一大怪事是：把女性刻板化为“好人”——比男性更友善，更关心他人，等等。乍一看，这些词语看起来是在赞美女性，但是女性主义者指出，心理学研究可以解释，即使是这些描述女性的“好话”也在巧妙地维持着男性的权力地位。

社会学家和心理学家探索过不同类型的群体之间的压迫现象，发现了权力不平等关系是如何生根发芽。他们注意到，随着时间的推移，频繁互动的群体之间的关系会发生变化，最初的关系可能是纯粹敌对的，但后来的关系却会变得暧昧起来。美国社会学家**玛丽·杰克曼**（Mary Jackman，1948— ）在著作《天鹅绒手套：父权制和性别、阶级、种族关系的冲突》中写道，以任何两个群体为例，虽然其中一个占主导，一个受支配，但杰克曼在观察两者之间的长期互动后发现，他们之间纯粹的敌意会渐渐消失，因为人们不可能纯粹敌对地紧密生活在一起。

例如，在殖民时期，白人发展出所谓“白人的负担”的思想。这使得白人男性殖民者认为自己是好

> 对女孩最糟的称呼是娘们，对男孩最糟的称呼也是娘们。做女人真是一种莫大的侮辱。
>
> ——杰西卡·瓦伦蒂

人，肩负着帮助贫穷土著的“负担”，而不是每天埋怨自己在剥削土著人的身体和土地的事实。这样，他们就可以宽慰自己的良心，减轻对自己行为的罪恶感，否则这种罪恶感会越来越重。此外，为了让这类神话真正起到减轻罪恶的作用，如此表述的白人实际上对这种神话信以为真，他们说服自己相信，他们对自己所剥削的人也拥有真挚的感情。

美国心理学家**彼得·格利克**（Peter Glick）和**苏珊·费斯克**（Susan Fiske，1952—　）在论文《模糊的性别歧视清单：敌意和善意的性别歧视之分》（1996）中指出，同样的力量（和神话）在男女关系中也发挥着作用。在狩猎和采集时代，两性之间没有等级之分。但随着人类向农耕社会转变，男人控制了新生的政治、经济、法律和宗教机构。男人为了在自身位置上获得成功，希望女人能扮演特定的角色。他们采取了最简单的办法，就是假装女人“天生适合”扮演这些角色。

格利克和费斯克写道，如果这些刻板印象总是明显地损害被压迫群体的利益，它们可能会加剧群体之间对抗和反叛。另一方面，如果它们表现为赞美而不是贬损，它们就更容易被从属群体接受，甚至被她们内化，以致她们真的自以为与生俱来就拥有这些特点。这就意味着女性会认为：支持男人的工作，照顾孩子和家庭，富于同情心、关爱和友善，乃是女性的天职。

模糊的性别歧视

格利克和费斯克认为，男女之间不平衡的权力关系还受到一个额外因素的影响，使得人们更需要褒义或善意的性别刻板印象，这一因素就是女性拥有的“二元权力”。“二元”指的是任何由两个部分组成的关系，在任何异性恋夫妻之间，双方都存在着一种相互依赖的关系——男人虽然拥有结构性权力，但他们在性关系和生育孩子方面离不开女性。因此，关于女人有一个古老的“笑话”：“跟她们一起没法生活，但离了她们也没法生活。”据荷兰文艺复兴学者伊拉斯谟的作品，此言论可以追溯到约公元前3世纪罗马元老院的老加图。老加图曾说：“有妻子的生活不舒适，然而没有她们又根本无法生活。”

男女与相互敌对的群体不同，他们相互需要，更重要的是，他们以亲密的方式相互需要。因此，正如杰克曼所指出的那样，即使权力地位维持着不平衡的态势，他们也不得不寻求共存。格利克和费斯克认为，这是敌意随时间的流逝而逐渐模糊不清的另一个原因，并最终表现为两种形式：敌意的性别歧视和善意的性别歧视。这两种性别歧视都包含三个方面：父权制、刻板印象和性意味，只是前一种形式公然地充满敌意，另一种形式却看似充满褒义。

重点思考题

你得到的恭维同样适用于男人吗？

敌意的性别歧视

这是一种公然且毫不掩饰的性别歧视。格利克和费斯克指出：大量研究表明，这种性别歧视积极寻求为男性权力辩护，为传统性别角色辩护，为男性以任何方式把女人的身体作为性行为对象辩护。许多研究者发现，在巴西、土耳其等女性地位远低于男性的国家，社会对女性的敌意往往较高（正如印度社会对低种姓群体的敌意很高），而且它往往会导致社会更默许丈夫用暴力控制妻子。

搞敌意性别歧视的男人往往信奉以父权为主导的社会体制（通过暴力和威胁来管束妻子）是合理的，因为女人柔弱，就应该受男人控制。男人的这类性别歧视把女人视作（在工作、金钱等方面的）竞争者，必须对她们加以限制和控制。从这个角度来说，男人好斗且占据优势，而女人则试图通过控制男人来扭转局势。在充满敌意的刻板印象中，女性被描述为婊子、丑八怪、母老虎、老古板和悍妇等。女性主义者注意到，男女之间这种公开的斗争很容易被发现和制止，相比之下，善意的性别歧视却更难对付。

善意的性别歧视

社会学家用“善意的性别歧视”来描述如下男性行为：他们对女性怀有感情，但仍然觉得有必要在任何男女关系中占据主导地位。他们为男性主导权辩护的理由更温和，他们所持的刻板印象“更容易令人接受”。这种形式的性别歧视看起来或听起来都相对文雅。

格利克和费斯克说，虽然父权制本色未改，但它不再公然地专横跋扈。采取“善意”态度的男人表现得更像“父亲”。他们认为女人比男人更柔弱，但不以此为借口威胁她们屈服，而是把自己看作女人的保护者和供养者，尤其是当他们身处与妻子的二元依赖关系中时。

某些性别歧视的方式更加隐蔽

同样地，善意的刻板印象也不那么咄咄逼人。研究者发现，采取这种态度的男人不贬低女人，反而把女人理想化。他们倾向于崇拜女性，而不会对她们弃如敝履。在这些男人眼中，女人是冷静的、有同情心的、有教养的、有爱心的、可爱的，并具有成为完美妻子和母亲的特性。好像纯属巧合一般，这些有爱心的女人也与她们的家庭角色形成绝配。所有善意的性别歧视观都摆出一副“自然”的态势，这样它就能变得无可争议。格利克和费斯克认为，采取善意性别歧视态度的男人最喜欢把妻子形容成“更好的半边天”。在性观念方面，这些男人不会把女人的身体当作可以恣意对待的对象；在他们看来，女人的身体能够以一种浪漫的方式，令男人“完美”。

那么，我们的社会还有希望吗？1998年，女性主义者**约拿·格克瓦**（Jonah Gokova，1956—　）在津巴布韦发表了一场著名的演讲，题为《挑战男性，让他们拒绝性别刻板印象》。他提出了一个办法，来摆脱当下男女两分、双方皆输的局面。他说，男人应该改变他们对性的态度，并意识到父权制也给他们带来了极大的损失，比如无权公开表达自己的情感，甚至在女性面前也不行。而事实证明，对情感的完全抑制会造成高度紧张，甚或引发心脏疾病。他说，男人在父权体制内也不得不“塑造一种不符合他们天性的形象——这是不可持续的”。他的观点实际上与波伏瓦一致。他认为活在“男性优越的神话”中会让男女都受伤，所以男人需要改变。

抉择时刻

如果奉承令你感到不适，你可能经历过善意的性别歧视。它听起来很有礼貌，却会让你在权力格局中处于劣势。同样地，将女性描述为“比男性更富有同情心”，就是坚持认为女人会更频繁地动用自己的情感。由于在大多数当代社会中，理性都比感性更受重视，这就更加促使男性处于优越的地位了。

只有白人女性才关心女性主义？

布朗 ‖ 里奇 ‖ 阿普特克 ‖ 克伦肖 ‖ 胡克斯 ‖ 戴维斯 ‖ 科姆拜河集体

1920年，在一场白人妇女会议上，美国黑人妇女选举权论者和教育家**夏洛特·霍金斯·布朗**（Charlotte Hawkins Brown，1883—1961）讲述了她在孟菲斯乘坐火车前往会场的经历。她说起自己如何被一群白人男性强行赶出卧铺车厢，又如何被他们拖到“黑人专用”的日间旅客车厢。她满怀愤怒和屈辱地对听众说：“最令我伤心的是，车厢里有女人，却没有人发出反对的声音。”

霍金斯·布朗后来与玛丽·麦克劳德·白求恩一起创立了全美黑人妇女协会，她请听众中的白人女性想想，如果换作她们自己，在那种情况下会怎么做。她说：“请你们做几分钟黑人。”她接着告诉听众，黑人在20世纪20年代的美国有着怎样的遭遇。她说到黑人女性对私刑和强奸的恐惧，以及每天被迫忍受的攻击和侮辱。霍金斯·布朗试图迫使白人女性跳出自己的体验去思考，认识到白人女性的体验和理论是她们特有的，一直以白人为中心，而不是无所不包的，她从而重新定义了人们关于“女性”的概念。

1989年，美国犹太白人作家**阿德里安·里奇**（Adrienne Rich，1929—2012）再次帮助白人女性实现霍金斯·布朗所提议的转变：超越自己的特权去审视问题。里奇在《身份位置的政治笔记》一文中写道，在美国，电视“新闻”“告诉我国公民［共产主义］正

分裂我们的并非我们之间的差异，而是我们无法认识、接受和赞美这些差异。

——奥德丽·洛德

在中美洲前进，自由正受到威胁，拉丁美洲受苦的农民必须被唤醒”。里奇认为这种极端狭隘的世界观使白人陷入一种把有色人种都视为低等种族的话语，无法发现差异，探索差异，无法想象作为“有色人种”的情形，即使“只做几分钟而已”。

由具象来定义

里奇说，我们必须考虑身份位置的政治。我们每个人都处于一个特定的身体里，这个身体“甚至从最开始……就拥有不止一个身份”。从一开始，“我被视为女性，也被视为白人”。里奇认识到，不同身份在同一个身体中共处，意味着“我不仅要理解拥有外阴、阴蒂、子宫和乳房对我来说意味着什么，还要理解我所拥有的白色皮肤将我引向的地方，以及未将我引向的地方”。

这适用于所有男人和女人，以及所有身体特征。身份位置影响着世人对于我们的反应，并带给我们一种对于世界的特殊体验。里奇解释说，第二波女性主义者（参见上文第9—11页）一直“试图从中心看问题”，即从女性的角度，而不是从男性的角度来提出有关女性的问题。她说，我们都想创造一个无人主宰、人人平等的社会；“问题是当我们说着‘我们’的时候，我们并不知道‘我们’指的是谁。”她说，白人女性必须接受自己的白人身份，并认识到尽管她们作为女性被边缘化，但她们“也在把别人边缘化，因为［她们的］生活经历完全是白人特有的”。

1989年，社会主义女性主义者**贝蒂娜·阿普特克**（Bettina Aptheker，1944— ）在《生活的挂毯：女性的工作、意识和日常经验的意义》中写道，如果白人女性真正希望了解有色人种女性的经历和遭受的压迫，她们就需要“转变中心”。这意味着要以另一个人（或群体）的经历作为主要视角，同时保持对自身位置的认识，这样，两个人或群体都能处于有价值的位置，并且真正实现对不同视角的理解。尼拉·尤瓦尔-戴维斯在《女性、种族和赋权》（1994）中引用了埃尔莎·巴克利·布朗教授的话说：“所有人都无须与自身做比较，也不必采用自身框架，就能学会以另一种经验为中心，验证它，并根据该经验自身的标准判断它。”

交叉性和差异性

同样是在1989年，法学教授、民权倡导者**金伯利·克伦肖**（Kimberlé Crenshaw，1959— ）提出了“交叉性”的概念，来解释黑人女性在同时受到多种力量压迫时拥有的是怎样的体验。在其开拓性文章《关注种族和性别的交叉》中，克伦肖请我们想象一个交通十字路口，许多条道路交会在一起，交通可以向任何方向流动。如果发生事故，可能是由来自任何方向、任何道路的一辆或多辆汽车造成的。同样，一个黑人女性可能受到性别歧视、种族歧视或阶级歧视的伤害，或同时受到所有这些方面的伤害，因为她就生活在这些交叉路口的中心。

克伦肖指出，黑人女性所受到的歧视既没有被纳入种族主义的法律范畴，也没有被纳入性别歧视的法律范畴，她们往往发现自己两头都得不到保护。例如，在1964年的“德格拉夫雷德诉通用汽车案”中，五名因非法解雇而提起诉讼的黑人女性未能赢得官司。通用汽车公司解雇她们的依据是“优先解雇最晚

重点思考题

富有的白人能理解贫穷或富有的有色人种女性的生活经历吗？

招募的员工”，而与歧视无关。法官说，她们显然没有因为是黑人而被解雇，因为黑人仍然在这家工厂工作。她们显然也没有因为是女性而被解雇，因为白人女性仍然在这家工厂工作。正如克伦肖所指出的，多年来，通用汽车雇用工人的优先级顺序一直都是白人男性，黑人男性，白人女性，黑人女性。正是由于黑人加上女性的双重身份，使得黑人女性处于最岌岌可危的境地。然而，最高法院裁定，尽管“原告若受到歧视，则显然有权获得救济”，但并不存在将两种形式的歧视结合起来的“超级救济”。黑人女性于是就身处种族歧视和阶级歧视的十字路口，她们落入了法律的“灰色地带”。

非裔美国活动家**贝尔·胡克斯**（bell hooks，1952—　）指出，环环相扣的政治体系是美国和欧洲政治的核心特征，它们在19世纪就结合在一起，刮起了一场“帝国主义、白人至上主义的资本主义父权制”完美风暴。胡克斯说，白人至上主义者认为白人比其他人种优越，他们就像活动家**安杰拉·戴维斯**（Angela Devis，1944—　）所证明的那样，同样也是“帝国主义者”，自认为有权开发殖民地国家的资源和人力，而这也就包括他们有权让白人奴隶主攻击和强奸黑人女性。资本主义的经济体系有利于手握生产资料的人。胡克斯把父权制定义为“一种政治社会制度，它坚信男性是天生的支配者，高人一等，被赋予支配和统治的权利”。全世界工人阶级女性和有色女性都受到这两种相互交叉的力量的影响，而中上阶级白人女性却没有意识到这一点。胡克斯认为，更糟糕的是，白人女性并不急于引起人们对种族和社会特权的关注，因为她们也在从中受益，许多富有的白人女性都指望“有一个中下阶层、低眉顺目的受剥削女性来做她们拒绝做的脏活”。

从交叉性到身份政治

近年来，交叉性带来了身份政治的发展。身份政治令人们认识到了差异，却也愈发导致各类群体拒绝相互合作，宁愿单独组织和抗议。这又导致女性主义者越来越难以在大学和其他公共场所获得发言的机会。伊朗女性主义者和人权活动家玛丽亚姆·纳姆奇关注由身份政治引发的言论收缩问题。2016年，她在“当下的女性主义”播客上指出，对一些女性来说，言论自由是她们用来表示反对和抵制的仅有的自由，而全世界的女性主义者都要努力消除女性贫穷和针对女性的暴力。纳姆奇说，女性应该团结起来，相互支持，在平等和人权等更宏大的政治目标下共同努力。

抉择时刻

1977年，美国黑人女性主义女同性恋组织科姆拜河集体（Combahee River Collective）发表了一份著名的“声明”。在这份声明中，她们说女性主义者的任务是“认清主要的压迫体系环环相扣的事实，并在此基础上开展综合分析和实践”。女性主义者若想要改善所有女性的生活，就需要不断地“抓住中心”，倾听所有女性的声音，锁定所有反对女性的力量，并发出抗议的强音。

女性主义为什么没能给我们带来平等?

法鲁迪 ‖ 沃斯通克拉夫特 ‖ 桑蒂

这是一个好问题，因为联合国的研究表明，尽管女性主义已经掀起了四波“浪潮”（参见上文第12页），但世界上没有任何一个地方的女性实现了与男性的社会平等、经济平等和政治平等。然而在2017年，益普索公司在23个国家开展调查，却发现45%的女性认为自己已经实现了完全平等。这是怎么回事?

2017年，联合国开发计划署根据从23个国家收集的信息，发布了《性别平等指数》，表明认为女性享有平等机会的男性在美国占72%，在印度和加拿大均占76%，在英国占67%。而或许让人并不奇怪的是，在接受调查的女性中，认为自己拥有平等权利的人数比例要小得多（约占45%）。也就是说，男性和女性的观点都无法准确地反映现实。美国作家**苏珊·法鲁迪**（Susan Faludi，

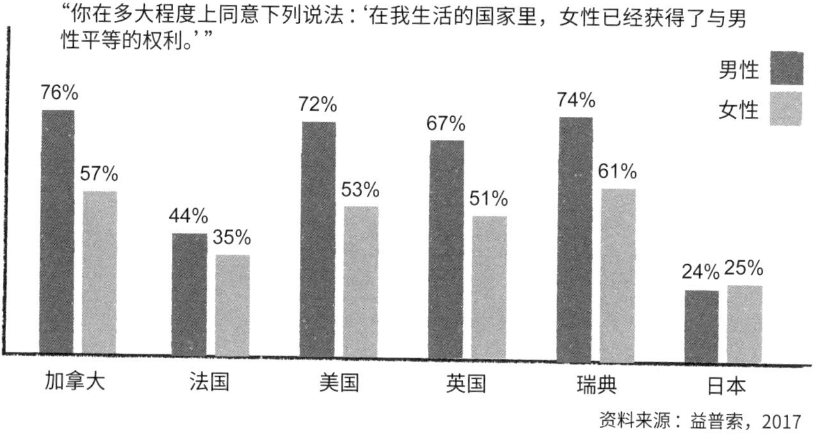

1959— ）在20世纪90年代初对这种差异进行了研究，并意识到这种对于现实的扭曲是一种更为宏观的现象的组成部分，它最终将导致每一波女性主义浪潮的失败。她将这种现象称为“反冲”。

法鲁迪将这个词用作《反冲：对美国女性的未宣之战》（1991）的书名，并且详细地探讨了女性主义的每项成果是如何迅速地被社会上的反对者（特别是通过媒体）破坏的。她说，逆转女性主义多年努力成果的手段每次都是一样的，总是把女性主义归结为伤害女性的因素，认为女性主义本身（而不是不平等或父权制）才是所有女性问题的根源。法鲁迪发现，无数头条新闻在宣称：职业女性“过度劳累”，年纪轻轻就突发心脏病，同时也成为“不孕不育流行病”的受害者。据说，单身女性因“缺少男性”而感到悲伤，对自己的处境感到“沮丧和困惑”。法鲁迪说，在报摊上，在电视上，在电影里，在广告里，甚至在学术期刊上和医生的办公室里，到处都能听到这样的呼喊。《纽约时报》称未婚女性“歇斯底里”；她们由于“深层的信心危机”而精神崩溃。这些纷纷扰扰的讯息足以让任何理智的人大喊：“够了！无论是什么东西导致了这场噩梦，都必须被阻止！”当然，这正是他们想要的效果——因为他们所谓的这个“东西”就是女性主义。

妓女和污名

西方第一本重要的女性主义理论著作是**玛丽·沃斯通克拉夫特**的《为女权辩护》（1792）。沃斯通克拉夫特被公认为是女性主义的鼻祖，因为正如英国作家弗吉尼亚·伍尔夫所说：“即使是现在，我们也能听到她的声音，追溯她对世人的影响。”沃斯通克拉夫特呼吁人们采取行动，反对女孩和成年女性缺乏教育和经济独

> 就针对女性主义的反冲而言，其导火索并非女性实现了彻底的平等，而是女性越来越有可能达成这一目标。
>
> ——苏珊·法鲁迪

立的现状。然而在此之后的一个世纪里，她的名字几乎被无可挽回地抹黑了。她说，她为之奋斗的目标不是让女性“拥有主宰男性的力量，而是拥有主宰她们自己的力量”。按照现在的观念，这话听起来一点都不激进，但事实上，它却提前六十七年为英国哲学家约翰·斯图尔特·密尔的“经典”原则铺平了道路：“个人拥有主宰自己，主宰自己身心的至高无上的权利。”密尔的版本自其著作《论自由》发表之后，就受到了哲学家的追捧，而沃斯通克拉夫特的版本——阐明女性拥有主宰自身的权利——却遭遇了混合着困惑、赞同和敌视的目光。

到她三十八岁去世时，沃斯通克拉夫特的思想已经在当时的媒体和知识分子中遭到了彻底的抨击。他们还大声指责她是个可耻之人：因为她生了个私生子，接着又对一位挪威船长一见钟情，满世界地追随着这位船长，并且沿途写了一本畅销书。由其丈夫威廉·戈德文撰写并在她身后出版的传记无意中揭示了她是一个思想多么自由的女人，但是沃斯通克拉夫特（连同她的思想）却因此被斥为“可怜的疯子”和有悖自然的人：一只“穿衬裙的鬣狗”。她年纪轻轻就死于难产，他们说这正是她应得的下场。

维多利亚时代的反冲

沃斯通克拉夫特因公众对她的反感而遭到摒弃，甚至连她最热切的读者也被说服放弃了她的思想。在维多利亚时代的大英帝国，白人男性至上、制度化厌女症和对性事的拘谨（以及私人性暴力）蔚然成风，沃斯通克拉夫特的早期女性主义观点遭到了前所未有的强烈反冲。中上层阶级女性的主流意识形态（或规范）强调纯洁、虔诚和家庭生活（也被称为“真正的女性时尚”）。人们期望女性对生活采取被动的态度，同时赞扬她们的丈夫和父亲利用世界各地“未被发现”的资源来发财致富。现代女性主义者注意到，即便时至今日，针对女性主义的反冲仍然充斥着相同的概念：性、剥削、厌女和男性的“自然”霸权。

重点思考题

男人将问题归咎于“女性主义”的原因何在？

然而妇女参政论者挺身而出，反对这种论调，并开始为妇女争取合法权利和代表权，此乃广大女性之幸事。在这场运动中，少数人还积极为女性争取性和生育的权利，例如美国的伏尔泰琳·德·克雷和玛格丽特·桑格。所有这些女性和团体都被指责为“歇斯底里”和“疯癫”，像贪婪的老巫婆，试图夺走长期受苦的男人所拥有的一切。那时的一款明信片上有这样一首诗，题为《这是男人建造的房子》。它如此描绘希望获得选举权的妇女：“狡猾的妇女参政论者，在男人建造的房子里，不择手段想要拥有一切。”争取平等的妇女参政论者被说成抢夺男人权力的人，她们穿着男人的衣服，干起“男人的工作”。由于那时男人比女人有权势，他

们的逻辑大行其道，恶猜女性主义者想要扭转乾坤，让女性在家庭和工作中“当家做主”。因此，自20世纪以来，每一次当女性主义遭受反冲时，女性追求的不是平等，而是主宰男性的论调都会故技重施。

被迫回归家庭

20世纪60和70年代的第二波女性主义浪潮（参见上文第9—11页）打破了50年代西方有关家庭主妇的理念，因此不可避免地引发了针对女性主义的强烈反冲，其中包括这样的疾呼：女性主义正在摧毁女性作为家庭主妇和母亲的“天生”才能。报纸上高喊女性主义者正试图消除女性气质，以一种毫无吸引力的中性风格取而代之（在某种程度上确实如此）。在20世纪70和80年代，女性和男性都穿着更为中性化的服装，爱美的男女都会化妆。女性开始在职场占据一席之地，并进入为男性所主导的机构。据法鲁迪说，随之而来的反冲便围绕着“不孕不育”、缺男人和压抑的单身生活等广为流传的神话。她发现，这些神话都是对事实的歪曲。正如法鲁迪在《反冲》中所言，反女性主义的信息都是这样的:“你现在可能自由平等了，但你从未像现在这样痛苦。”你的处境是拜女性主义所赐，但幸运的是，我们有一些（昂贵的）方法（时尚、节食和化妆品行业），可以让你重新变得美丽和女性化。“我们一次又一次地被告知，”法鲁迪说，“女性运动……是女性最大的敌人。”

如今，随着女性主义的再次兴起，2012年发端于印度的反强奸、反性骚扰运动势头迅猛，并于2017年在美国得到强力推动。然而一些女性主义者认为，反冲会不可避免地再次出现。法鲁迪表示，到2017年12月，推特上充满了各种活跃的推文信息，暗示事情可能已经“走过头了”。在法鲁迪看来，依照20世纪80年代的历史经验，这正是反冲即将到来的信号。

抉择时刻

每一波女性主义新浪潮兴起之时都曾遭遇这样的指责：女性主义应当为女性的不幸负责。美国活动家**芭芭拉·桑蒂**（Barbara Santee，1937— ）博士在《致年轻活动家的信：不要放下旗帜》（2012）中写道，解决这个问题的方法其实很简单。1917年，当妇女参政论者站在白宫门前要求选举权时，她们被警察逮捕并拖走。每个人在被带走之前，都把手中的旗帜递给另一个妇女参政论者。虽然举旗的女人变了，但是旗帜仍在。正如妇女耗费七十年之久才赢得选举权一样，桑蒂说，我们现在也必须为实现平等而献身——我们必须始终高举这面旗帜。

第二章：约会与性关系

约会的男性每次都坚持要买单，我该怎么办？

波伏瓦 ‖ 米利特 ‖ 斯泰纳姆

约会可能是一种比较现代的现象，但它仍然形成了一套独特的基于性别的“规则”。即使是现在，许多男女都会默认约会应该由男人买单。2017年，交友网站Match.com的年度“美国单身人士”调查发现，47%的女性表示，为了表明自己的独立性，她们愿意支付账单。有74%的女性表示，她们之所以买单是因为这样就不亏欠约会对象，自己也没有义务非要与对方相处了。

我们在这里谈论的义务指的是什么？传统的约会守则包括，男方有义务支付约会费用，女方有义务洁身自好，直到把性爱作为礼物送给她心爱的男人。这些制度是在女性几乎不从事工作，经济状况也不如男性的时代形成的，由此在男女双方对于约会的期望方面，它立下了一个令人尴尬的先例。不过，现代生活并没有彻底撼动这一陈规，因此也给女性主义者带来了很多话题：在父权制资本主义社会中，只要你在一家全球连锁的餐厅里与一位异性恋男士约会并让他买单，你就不是一个称职的女性主义者。

第一波女性主义者（参见上文第8—9页）并未涉及这个如今非常普遍的现代问题；“约会”直到20世纪20年代才真正出现。在

> 有太多的人在寻找理想的对象，而不是让自己成为理想的人。
>
> ——格洛丽亚·斯泰纳姆

此之前，未婚男女除非有监护人陪同，否则绝不会单独外出，更不用说去餐馆吃饭，或去当地酒吧喝几杯玛格丽塔了。

在女性没有薪酬也没有经济大权的时代，谁该买单的问题并不存在：肯定是带女人出去的男人付账。约会由男人提出，账单也就由男人来结。在此之前，婚姻听从父母之命，所以男女恋爱发生在女人家里，女方的整个大家庭都会在场。

现在，你的约会对象由你自己选择，或者至少接受他的约会邀请不需要考虑太多家庭的因素。而且你可能有你自己的钱，所以你不需要男人来为你开销。这就使事情变得复杂起来。

但是，有一点并没有改变，那就是经济形势仍然对你不利。男男女女的恋爱史发展至今，男人通常都比女人挣钱更多。而在资本主义社会，金钱就是权力。实际上，即便你的约会对象比你挣得少，你从社会、父母以及大量媒体所耳濡目染的性别角色期望，也会反对你们打破陈规。

骑士风度过时了吗？

让我们从男人必须买单的社会期望开始说起。每次女性主义运动都试图定义作为女人意味着什么。她们对女人做出界定的同时也需要对男性做出界定。**西蒙娜·德·波伏瓦**在《第二性》第二卷的开篇写下了她最著名的话："女人不是天生的，而是变成的。"第二波女性主义者（参见上文第9—11页）跟随她的脚步，探讨了男女了解性别及其社会角色

重点思考题

如果约会的时候我让男人买单，我是不是个糟糕的女性主义者？

的过程。以约会为例，你的伴侣不会凭空做出必须由他来买单的决定。事实上，文学、电影、电视、广告和历史都告诉他，这是他应该做的事情。

如果你挣钱比他多，还让他付账是不是合乎情理？可能不是。在这种情况下，它符合善意的性别歧视（参见上文第34—35页）的定义。它也可以这样理解：任何有利于女性却实属性别歧视的骑士风度行为都是善意的性别歧视，因为它满足了人们的刻板印象，将女性置于弱者的位置。

交易型关系

用最难听的话说，如果一个男人为所有的约会买单，而你反过来又通过和他发生性关系来回报他，这就为交易型关系奠定了基础。女性主义者会认为，这个男人在收买你，这是有问题的，特别是在考虑到社会上的性工作及其经济运作方式的时候。

我们再来回顾一下Match.com的“美国单身人士”调查，第二项统计数据显示74%的女性愿意为约会买单，这样她们就能摆脱相处的义务。所以问题依然存在：你买单是因为你真的想付钱，还是因为你担心约会对象会指望你为他的付出做出一些回报？

对约会中性行为的进一步研究发现，在美国校园里，83%的女性从高中的高年级开始，就在约会时遭到男性的性侵犯。更重要的是，女性主义意识的崛起和约会费用的分担，并没有让约会的侵犯行为减少。因此，AA制并不能使你免受性侵犯，只有选择合适的伴侣才能使你幸免。

新规则

美国激进女性主义者**凯特·米利特**在其富有影响力的著作《性政治》（1970）中鼓励读者瓦解困扰男女双方的性别刻板印象。米利特谈到了社会中“核心的”男性气质和“被动的”女性气质，重申了在异性交往和关系中普遍存在着权力失衡的问题。她认为，我们所扮演的角色不仅会限制我们，也会鼓励我们进入连我们自己都难以习惯的行为模式。美国女性主义者**格洛丽亚·斯泰纳姆**（Gloria Steinem, 1934—　）主张，女性需要唤醒自己的全部生命意识，不要害怕以不同的方式行事。斯泰纳姆所推崇的女性主义关注女性自尊，你应该优先考虑自己的行为方式，而不是根据约会对象的行为来判断他是否适合你。

抉择时刻

你的约会对象为你买单，虽然不会给你造成任何明显伤害，但他继承了一套古老的传统，而在这套传统中男人会用金钱和权力施加影响力。明智的办法是谁提出约会就由谁付账，但是为了公平起见，你也得常常约对方出来。格洛丽亚·斯泰纳姆说：“有太多的人在寻找理想的对象，而不是让自己成为理想的人。”换句话说，你要大胆一点。要敢于为约会买单，看看对方是否受到冒犯了。你也许能借此了解他并且了解你自己。

在线交友软件会不会物化我们?

沃尔夫‖费尔斯通

对于想要轻松实现“交友”的年轻人来说，在线交友已经成了他们首要的消遣方式。研究发现，在线交友在未婚男女相识相守的方式中增长速度最快。刷新交友软件上的浏览对象已经成为我们文化的一部分。但是，这样以貌取人的交友方式是否只会让我们更多地物化身体?

约会软件和网站大多以视觉体验为基础。要使用它们，你必须上传你自己的照片，并在个人资料中将关于你的详细信息呈现给潜在的伴侣。把自己的照片放到网上让陌生人“点赞”，借此寻找匹配的对象，这样做的你是在从外部寻求认可（几乎完全基于你的长相），难怪你觉得自己被物化了。但与此同时，你不也在物化男人吗？在线交友是双向的，从很多方面来说，以貌取人只是一种在茫茫人海中寻找伴侣的高效方法，或者至少是软件让你相信了这一点。毕竟这只是一个概率游戏。

在20世纪60年代的性解放革命期间，当第二波女性主义者就审查制度、裸体和女性身体问题进行辩论时，约会软件并非他们需要考虑的问题。当时的他们考虑的是：随着电视和全彩杂志的兴起，以图像为基础的交流方式蓬勃发展，在这样一个时代里，女性是如何被展示的？她们又该如何展示自己？1953年，《花花公子》杂志首次面市，而到了20世纪70年代，色情资讯已然泛滥成灾。

在任何以图像为基础的交流平台上，人们都会根据你的长相来评判你，这是现代生活的一个事实。再加上约会网站基本采用匿名制，你就因此拥有了一片前所未有的特殊天地。尽管许多网站想方设法禁止淫秽照片，防止人身攻击，但还是有许多人在使用这些软件时有不安全的感受。

两性平等？

无论好坏，交友软件的另一个作用在于令两性之间相对平等。现在，女性也被鼓励根据长相来评判男性。在《美丽神话》（1990）中，美国作家**娜奥米·沃尔夫**（Naomi Wolf，1962— ）研究了这一转变对社会的影响（当然变化发生在出现约会软件之前）。沃尔夫说："事实上，女人能像男人凝视女人那样反其道而行之，把男性视作性和审美评价的对象；我们也能毫不费事地从一大堆男人中选出'理想'的男性；如果我们能像拥有其他一切那样拥有美男子，我们中的大多数人都不会拒绝。""但是，那又怎样？"沃尔夫说，"即便如此，女性总体上还是首先选择把男人视为人。"

约会软件鼓励人们基于审美对他人做出选择，但在这个过程中，没有人会选择把异性（或同性）首先当作人。研究人员称，这对男性的心理健康产生了前所未有的影响。一项研究表明，经

世界各地的女性都争先恐后地把脚挤进水晶鞋里，不惜强迫和损害她们的身体……她们别无选择。如果不这样做，她们将受到巨大的惩罚：她们的社会合法性将岌岌可危。

——舒拉米斯·费尔斯通

常使用交友软件Tinder的男性更关心自己的身材和形象，自信心也较低。用户报告显示，他们对面部形象满意度较低，对身体的羞耻感较高。而且，他们也倾向于将自己的身体视为性对象。

沃尔夫的论点提醒我们，虽然现在男人也遭到物化，但男女之间仍然存在不平等。男人从小受到的教育会引导他去物化女人，而女人却不会经历这个过程。“如果女孩们从未经受过性暴力；如果女孩们对男性性征的了解来自一系列随处可得的廉价淫秽照片，而照片上的少男只是比她略微年长一些，脸上挂着勾人的笑容，下身露出令人怜爱的勃起的粉褐色阴茎，那么她也许会对着它自慰，而等到她成年的时候，她也会‘需要’基于男性肉体的色情产品。”

沃尔夫认为，男人其实可以拒绝接受这种规训。“如果两性都选择把对方视为性和人性的结合体，那么两性都会认识到，圆满的两性关系需要两者兼顾。”但是，很多约会网站并不鼓励这种做法。

然而，负面评价和“玩消失”等行为的大肆流行表明，实际情况恰恰相反。这些平台鼓励的是更糟糕的而不是更好的行为。

爱情带有种族偏见吗?

> **重点思考题**
> 约会软件有做到两性平等吗?

约会软件对于它们所处的社会具有不可低估的影响力。一方面，它们正在改变人们寻找伴侣的方式，另一方面，有研究表明，它们越来越多地影响了人们对于魅力的看法。2009至2014年间，约会软件OKCupid分析了大量用户的互动情况（参与调查的人数总计达2 500万人）。这项研究发现，与黑人、亚裔或其他少数族裔用户相比，白人用户收到的私信信息最多。研究还发现，白人用户较少回复其他族裔用户的信息，也不倾向于同他们交往。所以，白人成功配对的概率（根据得到回复的概率）较高。

难道约会软件有种族歧视？这倒并不见得，只是用户明显倾向于某种（白人）面孔而已。虽然这项研究只关注用户的种族身份，但我们有理由认为，这种由技术加剧的社会问题并非个案。如果男女都在寻找符合主流“标准”的伴侣，而且希望尽可能让自己吸引大多数人（记住，约会软件只是概率游戏），那么个性就不仅得不到张扬，反而会被压制。

这就造成了爱情的同质性。加拿大裔美国女性主义者**舒拉米**

> 如果两性都选择把对方视为性和人性的结合体，那么两性都会认识到，圆满的两性关系需要两者兼顾。
>
> ——娜奥米·沃尔夫

斯·费尔斯通（Shulamith Firestone，1945—2012）在《性的辩证法》（1970）中对父权制的脸谱化标准感到失望，因为父权制下的女性被告知，想要在这世上生存，她们必须让自己符合某种形象。她说："世界各地的女性都争先恐后地把脚挤进水晶鞋里，不惜强迫和损害她们的身体，女性通过节食、美容、时装和化妆等办法，成为王子梦寐以求的女孩。""她们别无选择。如果不这样做，她们将受到巨大的惩罚：她们的社会合法性将岌岌可危。"

至于现代的在线交友世界，有一件事是显而易见的。这个世界并没有更多地接受我们的差异，而是恰恰相反。如果你不符合社会标准，那么你就很可能找不到爱人。你必须泯灭个性、东施效颦，才能在约会平台上增加你的社交价值。"因此，女性变得越来越相像，"费尔斯通说，"而与此同时，社会又期待她们通过外表来表达个性。"这注定是一个败局。

不请自来的"鸡巴照"

随着社交媒体的兴起，另一种现代事物"鸡巴照"，强行闯入了我们的视野。根据市场调研公司YouGov的数据，53%的80后女性曾收到过"鸡巴照"，而有四分之一的80后男性曾给他人发过"鸡巴照"。这一现象令善于精神分析的女性主义者产生了兴趣。

在奥地利精神分析学派创始人西格蒙德·弗洛伊德对人类心理的理解当中，对于阴茎的关注占据了核心地位，他还相应地发展了一套"阴茎妒忌"的理论。弗洛伊德的理论相当复杂，但简单来说，他认为阴茎是权力的来源。由此，你会明白为什么男人想要炫耀它。女性主义者认为，从广义上来说，男性将女性的平权运动理解为对男性的阉割。阴茎由此变成了很多问题的答案。

在很长一段时间里，男人可以拥有很多性伴侣，而女人却不能这么做。因此，彼时只有男人才能比较自己与不同女人的体验。后来，20世纪60年代发生了性解放革命，女性也开始分享她们自己的体验——谈论伴侣的表现，比较阴茎尺寸，等等。虽然男女是否在同等程度上谈论这些问题，目前尚无定论，但有一件事是肯定的：那些不请自来的“鸡巴照”，既是为了证明性能力，也是为了展示性权力。

抉择时刻

现在，许多网站都试图阻止不良行为，有些甚至更进一步，试图打破性别刻板印象，比如交友网站Bumble已经成为一个女性会主动出击的平台。这个“女性主义”交友平台会鼓励男女用户挑战自我，采取新的行为。虽然对于这些基于图像的平台而言，物化是其不可避免的副作用，但这并不意味着约会软件不能打破现代恋爱中的权力平衡，或者如舒拉米斯·费尔斯通所希望的那样，它也许能改变我们对爱情的狭隘观念。

一夜情有什么不对？

万斯 ‖ 斯泰纳姆 ‖ 费尔斯通 ‖ 戴利

女性为争取性解放进行了长期而艰苦的斗争。然而“滥交”，尤其是女性滥交仍然受到否定。“荡妇羞辱”是媒体的常规做法，社会在对待拥有众多性伴侣的男性和女性时，存在着明显双重标准。这是怎么回事？

在20世纪70年代初，女性的性生活逐渐成为一个热门话题。一些女性主义者认为女性有权伸张性欲，她们为此发起了激烈的斗争，而另一些人则认为，只要我们还生活在父权制社会，女性的性欲就永远不会得到真正的满足。

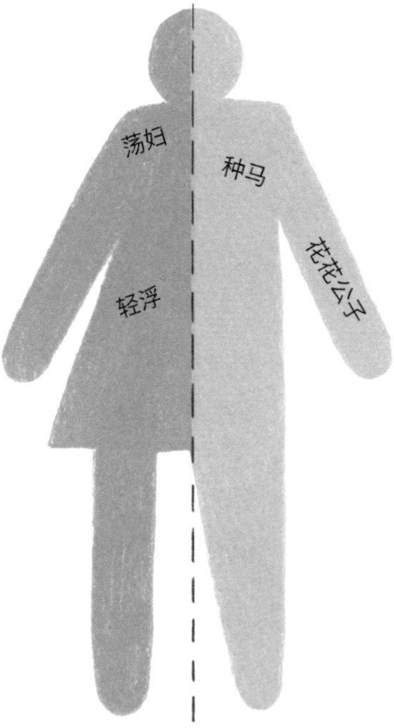

我们在描述男女性行为时充斥着双重标准

虽然“一夜情”是一种现代现象，但是给想要性生活的女性贴上“荡妇”或“妓女”标签却不是现代才有的事情。在20世纪60年代之前的英国和美国，避孕措施并不流行，性解放也并未发生，那时只有性工作者迫于经济需要，承担着婚外怀孕的风险。下次如果你因为和别人上床而被叫作“荡妇”，请记住“荡妇”之名所背负的历史包袱远比你想象的沉重。

女性主义理论的另一个热点话题是：针对两性性行为的双重标

在性方面积极主动或擅于自我表现的女性，则可能是荡妇，甚至是女色魔，但同样主动的男性却是正常的，甚至为人们所钦佩。

——格洛丽亚·斯泰纳姆

准。早在1862年，英国就成立了军人性病调查委员会。在该委员会的建议下，英国颁布了第一部《传染病法》。该法案允许警察在某些港口和驻军城镇逮捕涉嫌卖淫的女性。这些女性会强制接受性传播疾病的检查，一旦被查出性病，就会被关到医院里。

这些措施旨在保护军人免受疾病的侵害。在那个时代，军人通常都未婚，而同性恋又被视作犯罪，因此嫖妓成了一种必要的恶。然而，法律并未对男性施加同样的检查和监禁，由此引发了一场关于不平等的愤怒辩论。这一早年的政治问题促使女性第一次组织起来，为争取权利而积极地开展运动。

亲性行为女性主义

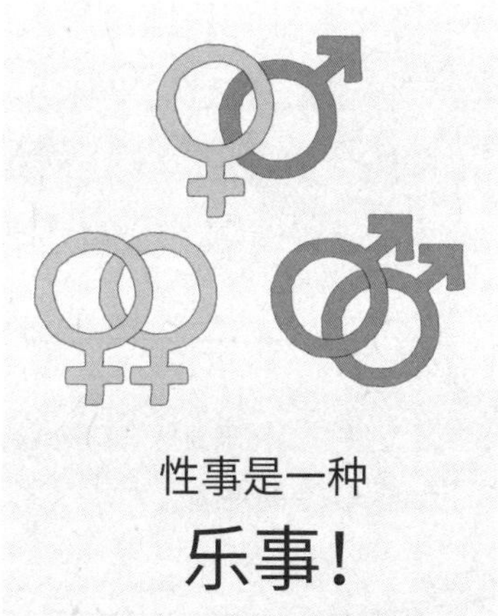

无论是通过任何必要手段赚钱的权利，还是与任何你认可的人发生性行为的权利，诸如此类的争论至今仍在激烈进行中（尽管声势已不如从前）。如果说你想运用你的性自由的想法是错的，那么这显然是一种反女性主义观点。现代女性主义建立在女性的选择权之上；而20世纪70年代兴起的亲性行为运

重点思考题

为什么男人被称为“种马”，而女人却被称为“荡妇”？

动就针对这一议题——人们推崇性解放，在于他们认为它是性权力和性快感的表现。因此，这一时期同时见证了LGBT（女同性恋、男同性恋、双性恋和跨性别者）权利运动：性解放意味着爱任何你想爱的人，用任何你想用的方式表达自己，而无所谓是否通过异性恋关系。

认同亲性行为女性主义、性激进女性主义或性自由女性主义等思想流派的男男女女，会非常支持你自由选择性伴侣的决定。性自由是人权的基本组成部分，而且不管怎么说，成年人之间自愿的性关系不该由他人来评判。

亲性行为女性主义者反对通过法律或社会手段，来控制成年人之间自愿的性活动。著名的亲性行为女性主义者包括美国作家卡罗尔·奎恩和苏茜·布莱特（号称“性行为专家苏茜”，而《洛杉矶时报》曾称她为“女性主义坏女孩”）。该报在1994年刊登的一篇文章写道：“她的信条很简单：性是乐事，大惊小怪使人痛苦。”“人的幻想是健康且重要的，只要有共鸣、安全套和一些基本的指导，两个成年人之间自愿发生的任何事情都没有问题。”

性行为专家苏茜成名之时，正值美国所有性取向的人都陷入困

> 性既是一个限制、压抑和危险的领域，也是一个探索、愉悦和能动性的领域。
>
> ——卡罗尔·万斯

境。《洛杉矶时报》文章接着承认："在艾滋病、基督教守贞俱乐部、反色情运动和约会强暴争议盛行的时代，民众的性欲似乎正在全面消退。对于苏茜这位拥有图书管理员的广博知识、母亲的关怀和妓女的坦率的人来说，重新把性定义为乐事的时机已经成熟了。"

卧室里的父权制

在20世纪80和90年代，安德里亚·德沃金和凯瑟琳·麦克金农等激进女性主义者发起了"性战争"，反对亲性行为运动。她们会告诉你，大多数情况下，当你做爱的时候，你只是在参与男人对于狂喜的追求。德沃金和麦克金农的思想流派认为，只要女性继续生活在对强奸和性虐待的恐惧中，她们就永远不会拥有性自由。

这些女性可能不会说你享受一夜情有什么不对，但她们希望你能保护自己免受男性的侵犯。20世纪70年代的激进女性主义者认为，只有获得比现在更大的安全感，你才能真正满足你的性欲。美国女性主义者**卡罗尔·万斯**（Carole Vance）在《愉悦与危险：走向性的政治学》（1984）中探讨了这一观点的微妙之处：

"在女性的生活中，性之危险和性之快感之间的紧张关系是个非常重要的议题。性既是一个限制、压抑和危险的领域，也是一个探索、愉悦和能动性的领域。只关注愉悦和满足，可能会忽视女性行为的父权结构；只谈论性暴力和性压迫，则可能会忽视女性在性能动性和性选择方面的体验，并无意中增加了女性生活中的性恐惧和绝望。"

格洛丽亚·斯泰纳姆也参与了这场争论。她认为，女性在性行为中常常被视为单纯的客体。正是社会理解性的方式，使得你无法掌控自己的性生活。斯泰纳姆在《日常反叛的出格行为》（1983）中写

如果每间卧室都
发生革命，
现状就会改变。
舒拉米斯·费尔斯通

道："即使是我们用来表达情感的词语，也充斥着同样的预设。""性话术常常带有征服和羞辱（被占有、被灌醉、被搞到手）的意味；而在性方面积极主动或擅于自我表现的女性，则可能是荡妇，甚至是女色魔，但同样主动的男性却是正常的，甚至为人们所钦佩。"

性革命的局限性

激进女性主义者**舒拉米斯·费尔斯通**曾对性革命及其赋予女性自由的潜力寄予厚望。但在实现这一点之前，还有许多需要改变的地方。她表达了这样的希望："社会主义女性主义革命将使妇女和儿童获得解放，给她们带来完全的经济独立和性自由，并更为全面地融入广阔的世界中。"

费尔斯通还指出，男人无法在不贬低女性的前提下爱上她们。她说，这就是为什么"性革命"并不意味着女性的解放。因为女性仍然受到双重标准的束缚，她们需要时刻把爱和性结合起来。

对于这个问题，美国哲学家**玛丽·戴利**（Mary Daly，1928—2010）采用了一种不同寻常的属灵态度，她认为：女性的性欲和贞洁理想只不过是厌女主义者和父权制的另一种压迫手段而已。戴利会让你同时考虑你的性欲和灵性，不仅把性看作一种人体的功能，还是一种超脱尘世的狂喜。

抉择时刻

极端女性主义者的观点要义在于：只要女性负责生育，她们就不会拥有性自由——也就是说，这些女性主义者所期待的自由和快乐需要避孕和性革命来提供。（很遗憾）女性的生育能力在拖女性的后腿。由此看来，我们所等待的真正的性革命尚未到来。

我为什么要假装性高潮，又不敢告诉伴侣？

科特 ‖ 格里尔 ‖ 波伏瓦 ‖ 斯托尔滕贝格 ‖ 弗里丹

说到女性的性行为，世人有很多事情都不明白。研究发现，女性比男性更难达到性高潮，她们也很难在床上说出怎样才能让她们达到性高潮。你在面对伴侣时是不是会这样？这算得上女性主义议题吗？如果算得上的话，你能做些什么呢？

女性性高潮不仅是一个生理奥秘，也是一个文化奥秘。由于女性性高潮在很大程度上被人们所忽视，而且在许多情况下甚至被审查排除在文学、电影和媒体之外，它至今仍然是一个谜团。但是性高潮关乎你个人，而与媒体无关。难道不是吗？

如果你没有性高潮，那么你在这个世界上并不孤单。英国安全套品牌杜蕾斯经研究（并以《性高潮差距》为题公开发表了论文）发现，在荷兰和比利时，近75%的女性在性交中享受不到性高潮，而只有28%的男性称自己并不是每次都能达到性高潮。杜蕾斯称之为“性高潮不平等”。研究还发现，女同性恋者比异性恋女性有更多的性高潮，因此这一困境主要属于异性恋女性。

女性主义者认为，女性之所以需要假装性高潮是有很多原因的，其中有很多原因都与女性的身份有关。也许你不想伤了你男友的心，也许你觉得这是你的错，也许你担心如果承认自己从来没有过性高潮，从来都在假装，你会挫伤他的阳刚之气，也许你觉得假装达到性高潮是解决问题最简单的办法。不管是哪种情况，对你和你的男伴来说，这都是不公平的。但也不全是你的错。

阴道性高潮的神话

女性性高潮的一大谜团在于：它在实际的生殖行为中并没有什么意义（就算女人毫无快感，男人还是可以同她发生性关系并生育孩子），所以为什么会有性高潮？对于这个问题，科学家至今还没有找到答案。

有些人甚至据此怀疑，女人根本就没有性高潮。长期以来，女性主义者一直在与这种误解做斗争，这场斗争的重要性不容低估。世界上仍有一些文化将女性的愉悦视为一种罪恶，因此存在切割女性生殖器的可怕做法。许多女性主义者认为，这正是我们今天仍然需要女性主义的主要原因之一。

美国的马斯特斯和约翰逊研究小组是对女性的性行为进行科学研究的首个团队，他们随后在《人类性反应》（1966）一书中发表了他们的发现。两年后，**安妮·科特**（Anne Koedt，1941—　）

> 色情制品是关于女人的谎言，却揭示了关于男人的真相。
> ——约翰·斯托尔滕贝格

写了一篇关于女性性行为的文章，从激进女性主义者的视角审视了马斯特斯和约翰逊的发现。这篇题为《女性性高潮的神话》的文章审视了阴蒂性高潮和女性生理解剖的证据，以及为什么“阴道性高潮神话”会在过去被建立起来，并且维系至今。

科特发现，西格蒙德·弗洛伊德对女性性行为的态度和研究方法（或者说对女性性行为的忽视）强化了许多诞生于维多利亚时代的错误观念，包括女性的歇斯底里行为和女不如男的思想。但是她同时也认为，弗洛伊德关于女人的性冷淡是对男性统治的自然反应的观点也许有一定的道理。也许女人和男人都害怕女人的性欲？不过，科特并不害怕讨论这些话题。于是，科特开辟先河，打破了公共领域中可以讨论的问题界限。

女人天生性冷淡？

如果你在男友面前“假装性高潮”，那么很显然，你属于相信女性性高潮的那一群人。那么到底出了什么问题呢？澳大利亚作家**吉尔曼·格里尔**在《女太监》（1970）中哀叹道，女性之所以对自己的性需求如此陌生，是因为她们从小所受的教育和男孩不一样，她们并不被鼓励去了解自己。“小女孩不会被鼓励去探索她的生殖器，识别生殖器的生理结构，或理解阴道润滑和器官勃起的机制。这些想法都是令人厌恶的。”

在谈论女性性行为方面，**西蒙娜·德·波伏瓦**明显领先于她所处的时代。她对男女性行为进行了比较，并由此引发了关于性政治的大辩论。在《第二性》中，她提出，如果一个男人想要性生活，他就会去做爱，达到性高潮，然后欲望消退。可是对于女人来说，这个进程似乎并不是线性的，或者说并非如此简单。

重点思考题
为什么女性的性高潮仍然是个谜团？

如果你很难达到性高潮，那很可能是因为你缺乏经验和不够了解自己。女性的性高潮既被世人所忽视，也被世人所低估。如果他们告诉你这件事情简单得很，你怎么能明白这实际上是一件相当复杂的事情呢？

该怪罪媒体吗？

我们总是在媒体上一次又一次地看到诸如此类的事例。你和你的伴侣肯定都在电影和电视秀节目中见过女性在没有前戏的情况下，通过纳入式性交和男伴同时达到了性高潮。如果女人从电影、书籍和色情作品中学会的是女人可以这样达到性高潮的话，你接着就会怀疑，自己一定是有什么毛病才没有性高潮。为了避免无法满足自己和伴侣期待的窘境，你学会了随机应变，学会了说谎。

正如美国的激进女性主义者**约翰·斯托尔滕贝格**（John Stoltenberg，1944—　）所言："色情制品是关于女人的谎言，却揭示了关于男人的真相。"在浪漫喜剧《当哈利遇到莎莉》（1989）中，梅格·瑞恩饰演的角色以我们耳熟能详的方式揭穿了这种谎言，她向哈利展示了自己是多么容易假装高潮，以此说服哈利，他

> 大多数女人都曾经有过假装性高潮的经历，只是所有的男人都不相信自己遇到过这种事而已。你自己想想就明白了。
> ——莎莉，《当哈利遇到莎莉》

并不是他自以为的床上高手。“大多数女人都曾经有过假装性高潮的经历，只是所有的男人都不相信自己遇到过这种事而已。”莎莉打趣道，“你自己想想就明白了。”

女性的奥秘

在20世纪70年代所谓的“性战争”期间，女性主义主要关注性、色情和审查制度。在《女性的奥秘》（1963）中，**贝蒂·弗里丹**运用大众心理学，试图阐释女性及其性行为。她认为，女性因为缺少能动性和探索而“回避了人体的生长发育”，“除非她们被允许和鼓励充分成长为人，否则她们永远不会明白何为性满足和人类爱情的巅峰体验”。

也许梅格·瑞恩在《当哈利遇到莎莉》中的表演是最有名的假装性高潮的场景?

弗里丹援引了心理学教授亚伯拉罕·马斯洛完成于20世纪30年代的一项研究，而马斯洛考察了性欲与女性的“支配感”、“自信”以及“自我水平”之间的关系。与你经常在电视和电影中看到的相反，研究发现，女性的主导地位越高，她对性的享受就越多，也越容易达到性高潮。弗里丹指出，这些女性活得更自我，因此更容易投入到情爱中。

但弗里丹说，实际上这种情况很少见。在女性的第一次性体验中，她往往会发觉自己的存在是为了帮助男性达到性高潮。她在性生活中依然扮演着一种想象出来的角色，必须顺从和取悦她的伴侣，这就同她的日常生活一模一样。

抉择时刻

弗里丹及其同时代人认为，只有在日常生活中能够表达自我的女人才能达到性高潮，并进而在自己的（性）生活中做主。她写道："只有当人们完整地做自己，只有当人们实现了自我认同，他/她才能获得自我的超越，在性高潮抑或创造性实践中皆是如此。"女人的性高潮确实存在。你的性高潮权是你身为女人的权利，也是人权。抓住它不要放手。

我活得既幸福又成功，谁会在乎我是不是单身？

格里尔 ‖ 费尔斯通 ‖ 胡克斯 ‖ 斯泰纳姆

你的工作进展顺利，你正在享受生活。然而，每次你参加社交聚会，或者更糟糕的是，每次你参加大家庭聚会，所有人都想知道你是否在约会。如果你没有，那是为什么呢？这些对你私生活的频繁打探何时才能结束？为了让他们闭嘴，你该回答自己在约会吗？你为什么在乎他们的想法？

让我们回想一百多年以前，那时的单身女性没有选举权，靠自己也做不了什么事情。我们设想这一历史情景，不是为了让你对自己的单身状况自怨自艾，而是帮助你理解为什么你的亲朋好友对你的情感生活如此感兴趣。就在不久以前，女人要是没有男人，就根本无法在这个世界上发挥作用。看来有些人还跟不上时代的步伐。

“单身”女性是一种现代现象，你肯定会注意到电视或广播经常提到她。报纸上会有文章提醒你，你快过黄金生育年龄了；你最好的朋友会建议你，赶紧试试新的交友软件。诸如此类的事情表明，我们生活在一个单身女性与现实格格不入的世界里。

因此，我们有了这样的标签：如果你享受性爱，你就是个妓女；如果你不想结婚，你就是个老处女；如果你自恋，那么你很可能是个巫婆。这些标签都是为你而设的，因为你试图在生活中逃脱传统的男性父权制世界。女人是用来生孩子的，除了协助男人确保人类的繁衍，女人到底还有什么存在意义？

在男性主导的社会里，女性被定义为低等和寄生的阶层，故而没有以某种形式获得男性认可的女性注定会失败。

——舒拉米斯·费尔斯通

老处女 vs. 钻石王老五

正如许多女性主义者所指出的那样，与你处于同一境地的单身男性根本不会遇上这类问题。第二波女性主义（参见上文第9—11页）最著名的思想家之一、澳大利亚裔英国女性主义者**吉尔曼·格里尔**写下了《女太监》一书，深入探讨了这种双重标准："大龄未婚女性一定是错过了机会……而男人只是还没有找到真命天女。"在个人交往方面，男性可以做什么，女性又可以做什么，两者有什么差别？这是第二波女性主义浪潮中许多女性关注的问题。格里尔在书中明确说明：社会对两个处于相同情况的人区别

对待，仅仅是因为他们的性别不同。“在人们的普遍想象中，修女都是对爱情失望的女人，而职业女性之所以拼命工作，则是要弥补她们无法获得的人类最大的幸福。”根据格里尔对父权制社会的分析，单身要么是对爱情失望的表现，要么是个人失败的表现。随你选吧。

父权制与资本主义

另一位在第二波女性主义浪潮中脱颖而出的女性是加拿大裔美国人**舒拉米斯·费尔斯通**。费尔斯通的思想很激进，她特别关注社会主义者弗里德里希·恩格斯和卡尔·马克思的作品。通过采用他们的政治思维方式，她调查了下层阶级和女性受到的压迫，并通过类比的方法，来解释女性在父权制和资本主义制度下是如何受到压迫的。但是，这和你的感情状况有什么关系？实际上，关系还真的不小。

“在男性主导的社会里，女性被定义为低等和寄生的阶层，故而没有以某种形式获得男性认可的女性注定会失败。”费尔斯通在《性的辩证法》中如此反思道。“为了使自己的存在合法化，女人必须超出女人的定义，必须不断地从她的低等定义中寻找突围之路，然而又只有男人才能赋予她这种优雅的地位。”所以，人们必然会期待你安定下来并与人谈恋爱，但如果你有力量和决心面对这一处境，你无疑会得到费尔斯通的喝彩。她说，女性身份总是和异性紧密相连，这个社会令你只有先被男人爱上后才能爱自己。

先爱你自己

20世纪60和70年代是一个反战和性解放的时代，那个时代的思想家和活动家历经过这些磨炼后，第二波女性主义者也就特别关注自爱和自我实现的问题。如果你觉得自己的生活缺少了什么东西，她们会告诉你，你缺少的是自爱，而不是男人。

重点思考题

为什么存在于父权制家庭结构之外的单身女性会让人如此担忧？

许多第二波女性主义者认为，从自我价值和自尊着手，是改变社会和改变女性看待自我的方式所必需的前提条件。“当我们能够看到真实的自己并接受自己时，我们就为自爱打下了必要的基础。”美国女性主义者**贝尔·胡克斯**在著作《关于爱的一切》（2000）中写道：“如果我们爱自己，我们就给自己的内在提供了一个机会，让它得以拥有我们一直渴望从别人那里得到的无条件的爱。”

另一位女性主义者**格洛丽亚·斯泰纳姆**也对爱情及其与自尊的关系感兴趣。这位美国作家通过自己研究女性主义的方法，鼓励你关注外部压力如何对你的自尊造成影响，你的个人生活如何被社会支配，以及社会对你的期望是什么。

斯泰纳姆建议我们在尝试爱他人之前先学会爱自己

斯泰纳姆倡导自爱的方式在处理社会问题方面具有更明显的现代色彩。她敦促女性在别人身上寻找爱之前，先在自己身上寻找爱。她称盲目寻找爱情的女性为“瘾君子”，并表明她们在缘

> 在人们的普遍想象中，修女都是对爱情失望的女人，而职业女性之所以拼命工作，则是要弥补她们无法获得的人类最大的幸福。
>
> ——吉尔曼·格里尔

木求鱼，在错误的“外在实在”中寻找自我。她在著作《内心革命》（1993）中写道：“就像其他瘾君子一样，我们中很多人不愿承认：我们仍然相信，我们能在外在实在中，在另一个人的身体和头脑中，找到自己缺失的部分。”

在胡克斯和斯泰纳姆看来，那种只有当你成功地虏获一个男人时，你的朋友和家人才认为你人生有成的观点完全是一种性别歧视的立场。如果你能克服这个立场，并在男性凝视之外找到自我价值的所在，那么你就可以更深刻地了解自己。

抉择时刻

不管你怎么看，这些著名的女性主义者会希望你记住，生活远不是一场等待的游戏。无论有没有男人，你都可能过得快乐或不快乐。斯泰纳姆在《内心革命》中真诚地写道：“幸运的是，女性主义帮助我和数以百万计无论结婚与否的人，去努力成为我们自己，去实现一位不知名的女性主义者的妙语：我们可以让自己‘成为我们想共度余生的男人’。”也许你的亲戚只是关心你的幸福，也许在人们都在恋爱的大环境中，维持单身并不容易。但是，如果你很快乐，如果你真诚地面对自我，这本身就是一种反叛。正如斯泰纳姆所说：革命从内心开始。

我能让男友成为女性主义者吗？

詹森 ‖ 密尔 ‖ 斯托尔滕贝格 ‖ 胡克斯

仅仅因为某些人有阴茎，并不意味着他们不能成为女性主义者。性别偏见禁锢着我们所有人。你的男友是否觉得做“男子汉”有压力？你希望他能摆脱身材焦虑，不要再试图把自己练得像绿巨人吗？纵观历史，女性主义事业有许多男性盟友，他们明白无论男女都能从打破社会对他们的刻板期望中获益。

问问你的男友，谨遵男人的刻板印象都对他有什么影响。几个世纪以来，女性主义者一直要求女性不要出于义务而屈从于性别刻板印象，同样的道理也适用于男性。例如，“男子汉”不应谈论自己的感情；“男子汉”不应关心别人；“男子汉”不应尊重女人；“男子汉”应该看色情片，然后和兄弟们一起大笑。勿谓言之不预，男孩终究会成为男孩。

但这确实让人有些担心。许多研究表明，恪守“男子汉”观念的男性可能对女性更具攻击性。就像女性承受着一定行为方式的压力一样，男性也承受着类似的压力。在本质上，女性主义不可能只谈论女性，而不改变男性。

成为女性主义者的道路不止一条。

当然，有些男人认为，男性气质和权力是相互关联的：

这些人被称为男性至上主义者。他们热爱父权制，因为父权制让他们处于支配地位。由于女性主义试图破坏有利于他们的体制，他们永远不会认同女性主义者。

这让我们看到，性别角色在传统关系中具有更阴暗的一面。我们受到的教育是，男女之间存在着权力的不平等——所以“妻管严”的说法仍然议论纷纷，仿佛一方必须占主导地位，另一方必须顺从。而通常情况下，社会总是期望“主导”地位由男性持有。

从中我们可以毫不牵强地看出，它如何导致了针对女性的暴力行为，甚至是强奸文化。研究一再表明，固守传统性别角色的男性更有可能在性生活上胁迫他人，更有可能责难强奸的受害者，更容易接受亲密伴侣间的暴力行为。第二波女性主义者有力且令人信服地指出，只要男性继续在女性面前展现这种行为，女性就永远不会安全，尤其是在床第之间。

为什么女性主义对你的感情有好处？

相比之下，另一项研究发现，无论是在感情品质和长期稳定性方面，女性与自认为是女性主义者的男性的两性关系都更为健康。或许你可以向你的男友提出这个观点，并解释女性主义实际

> 如果我们不努力推动一场大众运动，将女性主义教育普及到包括女性和男性的所有人，那么女性主义的理论和实践终将会被主流媒体产生的负面信息所破坏。
>
> ——贝尔·胡克斯

上不仅仅是为了女性的利益，而是为了所有人的利益。

但这里可能会出现一个问题：男人能成为女性主义者吗？1987年，爱丽丝·贾丁和保罗·史密斯编辑了一本文选，并在其中首次使用了“女性主义运动中的男性”一词。她们把男人分成两组。第一组男人认可有利于他们的制度，并认为并非所有男人都是压迫者。第二组男人则不仅探讨作为男人意味着什么，还探讨了在各种社会、文化和历史背景下塑造男性气质的实践和话语。

但这与我们的日常生活有何关系呢？近年来，美国新闻学教授**罗伯特·詹森**（Robert Jensen，1958—　）对男性女性主义者的议题进行了论述。在2017年出版的《父权制的终结：写给男性的激进女性主义》中，他介绍了男性如何在不试图“拯救”女性（否则将再次陷入掌权者的陷阱）的情况下，成为社会变革的盟友和推动者。詹森把女性主义描述为给予男人的礼物，并认为女性主义是最有说服力的理解性、性别和文化的方式。他还展示了，统治我们所有人的父权规则是如何危害人类和我们赖以生存的地球（顺便说一句，许多著名的女性主义思想家也是环境保护活动家）。

伟大的男性女性主义者

女性主义思潮中的男性也拥有一段漫长而复杂的历史。英国哲学家和政治经济学家**约翰·斯图尔特·密尔**（John Stuart Mill，1806—1873）就位列为争取女性权利而做出重要贡献的第一批男性。他的妻子哈丽特·泰勒·密尔是

重点思考题

你的男友受到了哪些男性刻板印象的制约？

男性可以并且应该成为女性主义者

一位著名的早期女权活动家，1861年，他们合写了《妇女的屈从地位》一书。他们在其中写道："规范当下两性之间社会关系的原则（一种性别对另一种性别的法律从属）本身就是错误的，如今它成了人类进步的一大障碍；它应该被完全平等的原则所取代，既不承认一方有任何权力或特权，也不承认另一方有任何缺陷。"

约翰·斯托尔滕贝格则是一位离我们的时代更近的女性主义男性代表，他曾与著述颇丰的女性主义思想家安德里亚·德沃金（参见下文245页）有过一段婚姻。斯托尔滕贝格于1987年创办了"男人可以阻止强奸"组织，但他最著名的理论作品是《拒绝做男人》(1989)。在这本书中，他认为男性有必要承担起责任，在尊重而不是厌恶女性的基础上，创造一种不太有害的阳刚之气。

规范当下两性之间社会关系的原则（一种性别对另一种性别的法律从属）本身就是错误的，如今它成了人类进步的一大障碍；它应该被完全平等的原则所取代，既不承认一方有任何权力或特权，也不承认另一方有任何缺陷。

——约翰·斯图尔特·密尔与哈丽特·泰勒·密尔

> 没有男性盟友加入这场斗争，女性主义运动就不会有进步。
>
> ——贝尔·胡克斯

女性主义惠及所有人

这一切都联系着21世纪女性主义运动的一个热词：交叉性（参见上文第39页）。交叉性的思想起源可以追溯到美国黑人女性主义者**贝尔·胡克斯**，她帮助女性主义跳出了学术体制，并试图将其锻造成一场惠及所有人的运动，它将囊括从工人阶级到少数族裔的各式不同的群体，而不仅仅是惠及那些有时间著书立说的特权者。

她在《女性主义惠及所有人》（2000）中写道："女性主义是一场终结性别歧视、性别剥削和压迫的运动。"从根本上说，问题不在于男人，而在于性别歧视。所以，胡克斯要拥抱支持女性主义的男性。"没有男性盟友加入这场斗争，"她写道，"女性主义运动就不会有进步。"

胡克斯揭示了无论男女都受到父权制的负面影响，它鼓励男性压抑他们的情感，并教导他们必须成为统治者和强者。胡克斯说，因此男性从根本上来说与女性一样需要女性主义教育。她还在《女性主义惠及所有人》中写道："男人常告诉我，他们不知道女性主义者想要什么。"她接着又说："我相信他们在实话实说。如果我们不努力推动一场大众运动，将女性主义教育普及到包括女性和男性的所有人，那么女性主义的理论和实践终将会被主流媒体产生的负面信息所破坏。"

最近，关于“男性为什么应该成为女性主义者”的争论如火如荼，人们鼓励男性为了他们的母亲、妻子和女儿加入女性主义斗争。但是女性主义者认为，这反而贬低了争论的价值。因为女性主义值得我们奋斗的理由不在于女性是我们的家庭成员，而是女性是我们的人类同胞。

抉择时刻

简而言之，你的男友可以成为女性主义者，而且我们有无数理由来证明他应该成为女性主义者。但是，他既不必因此放弃踢足球，也不必把啤酒换成意大利白葡萄酒。女性主义希望人们不要因为性别而被迫去做社会期望他们做的事，但这并不意味着他们不能参与背后有性别刻板印象的活动（除非这些活动除了表现厌女症和性别歧视外别无其他意义）。

我想向男友求婚，这样做好吗？

费尔斯通 ‖ 波伏瓦 ‖ 格里尔 ‖ 巴特勒

求婚是件很奇怪的事。你们很可能都知道彼此迟早会结婚。你们甚至可能已经讨论过以后生几个孩子、住在哪里等等。也许你们已经同居了。也许你们已经有了孩子。然而，无论你们在恋爱中多么奉行平等，求婚仍然是你男友的“任务”，而你的任务则是等他开口。

尽管人们已经打破了许多条条框框，但对求婚的态度并没有多大改变。一些研究甚至表明，人们对求婚的态度正在倒退。虽然四分之三的美国人认为，理论上女性是可以求婚的，但这项研究同样表明：年轻人比长辈更不能接受由女性来求婚。

尽管我们在女性权利、性解放、生育等方面取得了很大的进步，但人们在求婚这件事上仍然深陷传统的窠臼，即便这种态度背后的基本理念早已过时。例如，从女方父亲手中接过新娘的做法，是基于历史上女儿属于父亲的财产观。至于订婚戒指应该花掉两个月的薪水的说法，则可以追溯到钻石珠宝商德·比尔斯在20世纪30年代发起的一场卓有成效的广告宣传活动。

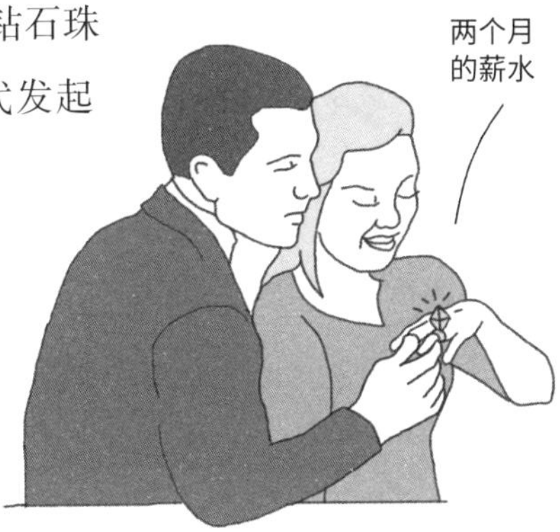

那么，求婚这种老古董是如何经历时间的长河保留下来的呢？为什么即使你们是平等的伙伴，你还是觉得你不能向男友求婚呢？

爱很简单，婚姻关系不简单

在《性的辩证法》中，**舒拉米斯·费尔斯通**研究了权力如何在男女婚姻关系中发挥作用，以及同样的权力如何改变我们的个人感受。在费尔斯通看来，爱很简单，婚姻关系才是问题所在。爱“因为权力失衡而变得复杂、隔阂、堕落”。她说：“我们已然明白，爱需要相互示弱，否则它就会有破坏性；爱的破坏之力只有在双方不平等的情况下才会施展开来。”

经过舒拉米斯·费尔斯通的分析，你发现求婚让你感到奇怪的是：它会要求你确认传统婚姻关系中的权力平衡，即出于历史和某些可疑的原因，应该由男人提出求婚，由女人做出回应。

这个问题仅出现在异性恋婚约中。美国最高法院已经宣布同性婚姻合法；男人可以向男人求婚，女人可以向女人求婚，然而在男女婚姻关系中却依然保留着这一充斥陈旧观念残余的传统。

从求婚到白色婚纱，再到新娘父亲陪她走过红毯，再到男方父母不得不为婚礼买单，婚姻方方面面的仪式都是女性主义者攻击的目标，因为它们保留了资本主义和父权制的规则。如果你像费尔斯通及其同时代人那样，把这些传统放在显微镜下细看，传统结构就会开始松动。费尔斯通解释说，这是因为“求婚的大山下压着女人和爱情。如果对它们进行审视，就会威胁到文化结构本身”。

> 我们已然明白，爱需要相互示弱，否则它就会有破坏性；爱的破坏之力只有在双方不平等的情况下才会施展开来。
>
> ——舒拉米斯·费尔斯通

男人为什么要求婚

在过去（在某些文化中仍然如此），女人的婚姻是由男人包办的，所以关于哪个性别来求婚的讨论是多余的。年轻女性被从娘家移交到新的家庭中，她和她的嫁妆（如果有的话）都将成为她丈夫的财产。

西蒙娜·德·波伏瓦在《第二性》中思考了旧时男女性交的情景，女性在其中几乎没有自主权，这就同女性在婚姻中经常遭遇（在某种程度上延续至今）的情景别无二致。“他把自己投射到对方身上，却不会失去他的自主权；女性的肉体是他的猎物，他在女人身上抓住了他对任何事物都抱有的感官需求……他就像大多数动物一样扮演着具有进攻性的角色，而她则屈从于他的怀抱。”男人俘获女人，男人向女人求婚。男人行动，女人服从。

另一项由S. 萨斯勒和A. 米勒于2011年所做的研究（《等待求婚：同居伴侣中的性别、权力和关系进程》）深入探讨了美国工人阶级夫妇的现状，试图了解性别和权力在他们婚姻关系中所起的作用。虽然这些工人阶级男女已然对传统性别角色的扮演发起了挑战，但是同居男性仍然在决定关系进度方面手握特权。“调查结果表明，即使在这些非正式的伴侣关系中，对传统性别习俗的遵循也会使女性在亲密关系中处于从属地位。”在详细调查中，一些男性甚至表示，女人向他们求婚是非常可笑的。许多女人也认为向男友求婚是荒谬的，尽管她们经常以其他更实际的方式决定彼此关系的走向，例如让男友搬过去同居，然后分摊房租。所以我们坚持求婚传统，是因为我们喜欢它吗？虽然传统不无糟粕，但它确实在我们的文化和感情生活中占有重要的地位。

重点思考题

如果你觉得你没法向男友求婚，你所拥有的恋爱关系还有平等可言吗?

在同一项研究中，研究人员发现了与这一性别规范挑战真正相关的因素。虽然部分规范被推翻，但是研究者发现，男人仍然被赋予“结果权力”，因为他们的伴侣把男性求婚视为“爱和关心的表达”。从“求婚场地”（想想埃菲尔铁塔和海滩）到其他夸张的浪漫姿态，这是男人仅有的被期待展示他们更温柔、更浪漫、更“女性化”一面的时刻，也是男性毫不含糊地表达自身感受的时刻。

对男性的这类求婚姿态，**吉尔曼·格里尔**通常持典型的怀疑态度，认为它们只不过是烟幕弹，掩盖了某些东西的缺失。“成功的男人似乎能掌控自身的命运，令女人为之迷醉；她们渴望把对于自身的责任交给一个能为她们带来最大利益的人来处置，”她在《女太监》中写道，“但是这样的人并不存在，可是生活在性幻想的近视中的年轻女性却容易在子虚乌有中找出他们。当男人打开车门、操纵领班、挑选礼物和挣得钞票时，这些往往被认为是浪漫的举止：许多女性为了寻找浪漫，甚至乐于牺牲自己对伴侣的道德判断。”

他就像大多数动物一样扮演着具有进攻性的角色，而她则屈从于他的怀抱。

——西蒙娜·德·波伏瓦

格里尔认为，女性之所以想要浪漫爱情是因为爱情是一种迷幻剂：她们将开开心心地抛弃自己的理性思考，让自己沉浸在男人是救世主、婚姻是避风港的世界里。因此，对于那些相信童话故事的女人来说，向男人求婚是一件根本无法接受的事情。这需要你拥有能动性和自我决断力，这需要你把命运掌握在自己手中。

求婚表演

做自己命运的“主人”，这听起来应该是男人所为，而不是女人所为。在这个问题上我们进入了一个更有争议的层面。如果你向男友求婚的话，这会不会使你看起来太主动、太独立或太具有攻击性？

美国哲学家**朱迪丝·巴特勒**（Judith Butler，1956—　）在性别建构方面做了大量工作。她在富有影响力的著作《性别麻烦：女性主义与身份的颠覆》（1990）中进一步发展了西蒙娜·德·波伏瓦的思想："女人不是天生的，而是变成的"，并提出“变成女人”也可以被看作是一种表演。女性被鼓励，甚至被强迫维护自身的女性特质和行为。这也许可以解释你为什么对求婚抱有疑虑，因为它违背了你从父权制中继承的女性身份。

抉择时刻

就连你也会承认，即使在21世纪，在男人没有求婚的情况下就订婚也是一件大事。而这对于社会赋予你的性别角色又意味着什么呢？除非你自己就是个温和、体贴、顺从的女性，否则你的男友也不会成为父权制意义下的男人、养家糊口者和体制维护者。就像女人要克服各种困难才能向男人求婚一样，男人也需要对自己以及你们的感情有足够的信心才会接受你的求婚。

第三章：婚姻与家庭生活

童话般的婚礼，童话般的婚姻？

沃斯通克拉夫特 ‖ 波伏瓦 ‖ 盖伊 ‖ 弗里德曼

根据许多现代媒体、电影和文学的说法，婚姻是女性最后的归宿，是男性终身监禁的开始。在许多国家，婚姻确实是女性掌握自身未来的唯一途径。在缺乏教育和经济独立的情况下，这往往是摆脱贫困的唯一方法。

在大多数发达国家，特别是在那些家境优渥和受过良好教育的人士中，婚姻并不是一项经济上必要的举措。尽管如此，结婚率仍然居高不下。人们不管当今有多少选择和机会，多半还是会选择进入婚姻体制。

这个体制对你来说意味着什么，不仅取决于你生活在世界的什么地方，还取决于你信奉什么宗教（如果你有信仰的话）、你的家人和朋友的习俗惯例，以及你受到的文化和经济影响。不管在你自己的想象中童话般的婚礼是什么样子，它很可能会涉及许多朋友以及一场大型庆祝活动。那么，这个由来已久的体制为何时至今日依然流行于众多文化和宗教中呢？

为什么婚姻如此重要？

艾达·卡尔霍恩写过一本关于现代婚姻沉浮的诙谐著作——《我永远不会在婚礼祝酒中说出口的话》。她在书中询问拉比和牧师，他们认为人们结婚的理由是什么。据他们说，大多数夫妇在被问及这个问题时都无言以对。一位牧师称这是一场“文化危机”。你和你的伴侣能回答这个问题吗？

如果你答不上来，请不必难过；回顾女性主义的历史，你会看到这是一个女性几百年来一直在努力回答的问题。女性主义运动的奠基人之一**玛丽·沃斯通克拉夫特**曾探讨婚姻如何被视为人们改邪归正的手段和改善男女关系的机会。她在《为女权辩护》中写道：“人们承认自己在人生的早年时光花了不少时间获取点滴成就；同时又为了放纵的美貌和立足于世的欲望而选择结婚（对女性而言，婚姻是她们在世上崛起的唯一途径），由此牺牲了自己身体与精神的力量。”她分析道，婚姻不能解决所有问题。人性是非常固执的，没有任何一场盛大的白色婚礼能够轻易改变这一点。

我们是否将婚姻置于爱情之上？

这是一个**西蒙娜·德·波伏瓦**在《第二性》中详细讨论过的问题。她和许多追随她的女性主义者一样，认为女人常常忽视爱情，而关注社会对于她们结婚成家的期望。

也许这是因为在许多宗教中，男女只有在神明的注视下结婚，才被认为是伴侣。也许这是因为从历史上看，女人没有男人就无法在社会上立足（她们不能投票，而假如她们独自一人外出的话，最好的情况是遭人白眼，最糟糕的情况则是陷入危险）。

> 婚礼是中产阶级神话的主要仪式，它是一对夫妇正式获得中产阶级地位的途径。
>
> ——吉尔曼·格里尔

那么，我们今天还有这样的历史后遗症吗？波伏瓦怀疑情况正是如此。由于社会条件的局限，婚姻才成为问题的解决方案，而不只是爱情的归宿："女性不再用显赫的光环来美化她未来的配偶：她所希望的是在这个世界上拥有稳定的地位，并由此过上她作为女人的生活。"在波伏瓦看来，女人结婚是为了获得地位，而不必然是为了寻找爱情。

我们相信婚姻是爱情的幸福结局，却因此忽视了现实。只要你找到了"命中注定的那个人"，以后的事情就无关紧要了。有多少部迪士尼电影是关于一对中年夫妇需要克服婚姻问题的？幸福的结局就是故事的终点，这就是婚姻的目标。

在这些浪漫故事和白马王子的鼓舞下，一些女孩甚至在遇到她们想嫁的对象很多年之前，就计划好了自己最完美的大婚之日。（尽管值得注意的是，"从此幸福快乐"的结尾是现代人对古代故事的画蛇添足。）

童话般的婚礼：花钱，花钱，花钱

婚礼可不便宜。根据Knot网站的数据，2016年，美国人婚礼的平均花费为35 329美元，比2015年的32 641美元增加了2 688美元。如今，从韩国到法国农村，再到北美，在世界上的大多数地方婚礼都是围绕着花钱来进行的——而且要花很多钱。

如果你相信婚礼杂志的说辞，那是因为你觉得订婚钻戒的大小以及婚礼的花费与你婚姻的成功程度是直接相关的。然而，一项研究却发现事实恰恰相反。在《“钻石恒久远”与其他童话：婚礼费用与婚姻持续时间的关系》一文中，安德鲁·弗朗西斯-坦恩和雨果·米隆对3 000名美国已婚人士的调查结果显示，昂贵的婚礼与幸福的婚姻并不相关。

重点思考题

盛大的婚礼是否会分散人们对维系终身的婚姻关系的关注？

向你贩卖婚姻梦想的不仅仅是杂志，从儿童文学到广告再到电影，所有媒体都试图让我们相信：婚姻以某种方式让生活变得更美好。这种“拯救”被宣扬浪漫爱情和婚姻神话的品牌所利用：出手阔绰成了你向某人表达爱意的方式，是不是这样？从汽车制造商到珠宝行业，这些企业都会将自己的产品与浪漫爱情的叙事联系起来，鼓励男性和女性（但主要是女性）相信拥有更多的东西等于拥有更好的生活。

美国女性主义者**罗克珊·盖伊**（Roxane Gay，1974—　）在文集《不良女性主义者》（2014）中，探讨了物质是如何与现代爱情联系在一起的。她特别审视了E. L. 詹姆斯创作的现代爱情故事《五十度

……为了放纵的美貌和立足于世的欲望而选择结婚（对女性而言，婚姻是她们在世上崛起的唯一途径），由此牺牲了自己身体与精神的力量。

——玛丽·沃斯通克拉夫特

灰》中大量的产品植入现象。在文集中题为“白马王子的问题，或者该称呼他为侵犯者”的文章里，盖伊打趣道：“如果你心怀物质主义的幻想，这本书［《五十度灰》］反而能帮你控制那种倾向。”

表面上，安娜斯塔西娅·斯蒂尔遇见了身穿闪亮盔甲的骑士克里斯蒂安·格雷，但她实则闯入了一个被戏称为“木乃伊色情书”的充满束缚、管教、支配、屈从和施虐的世界。在陈词滥调和性高潮结束后，这对功能失调的现代夫妇竟然从此幸福快乐。盖伊在调侃一番过后失望地写道：“我对《五十度灰》的兴趣到此为止……从本质上讲，它只是在向初学者详细地传授如何进入一段控制欲强、虐待欲强的婚姻关系。”这种婚姻的代价相当之大。

那么，女孩该怎么办？

美国哲学家**玛丽莲·弗里德曼**（Marilyn Friedman，1945—　）会告诉你，你在婚姻中付出的最大代价是失去你的独立。在大多数文化中，新娘都是转让给丈夫新家庭的财产。

在俄罗斯，婚礼通常包括新郎为购买新娘这笔新财产而支付的彩礼。在中国，新娘可能会坐传统的大红花轿，被抬到新郎家里。而在大多数传统的基督教婚礼中，新娘会由父亲牵着手走过教堂的红毯，然后被父亲“赠予”新郎。

历史上，女性始终被视为一种在家庭之间转移的财产

正因为如此，弗里德曼在《自主、性别和政治》（2003）一书中指出，婚姻对女性来说比对男性更危险：因为人们认为女性相比于其丈夫，好像给婚姻关系带来的东西不多。女性是被带到或转移给新家庭的。用极端的说法就是，你的丈夫供养你，给你安全保障，他是你的救世主。他可能是你的白马王子，也可能不是。

抉择时刻

盖伊的观点与前辈波伏瓦一致，也与更早的前辈沃斯通克拉夫特一致。她认为，女性从小就被教导婚姻是人生最大的出路。你努力同心爱之人共举典礼之后，你将抛弃过去的生活，走向更光明、更新、更好的生活。伟大的女性主义者会说，“童话般婚礼”的梦想是一种错觉，世人鼓励准新娘信以为真，目的是让她们忘记她们将放弃自己的生活，成为家庭奴仆，负责照顾丈夫。然后从此以后，他们将幸福地生活在一起。

婚后我该不该随夫姓？

波迪安 ‖ 米利特 ‖ 弗里丹

婚后随夫姓仍然是美洲、欧洲和澳洲的普遍文化习俗。尽管其中许多地方的婚姻规则已经松动，允许人们有多次婚姻经历，允许女人嫁给女人，男人迎娶男人，但是每当涉及婚姻制度的这一特殊细节时，传统仍占统治地位。这是为什么呢？

在有些地方，由于法律的进步和争取性别平等的努力，婚后改姓的常规已不再流行。在加拿大魁北克省，自1981年以来，女性婚后都须保留本来的姓氏；在希腊，自1983年起，也是如此。

而在这条光谱的另一头，如英国、美国和澳大利亚等国，虽然婚后改姓并不是一项法律规定，但是愿意改随夫姓的女性却比不愿改的人多。在日本，虽然法律规定已婚夫妇可使用夫妻任何一方的姓氏，但只有4%的男性改用妻子的姓氏。现状一目了然！

当女人被问及“婚后你希望怎么安排自己的姓氏”时

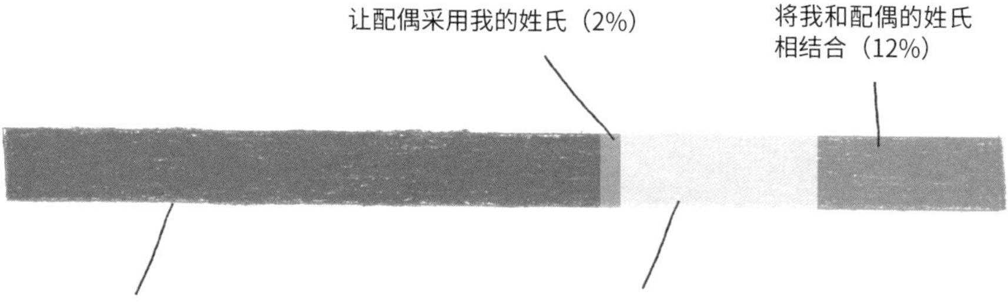

资料来源：YouGov，2016

姓氏有什么要紧的？

从历史上来看，改变姓氏在一些地方意味着加入新的家庭（或者基本上相当于被出售给新的家庭）。既然女人是一种财产，所以应该改用她新“主人”的姓氏。但是现在情况变了，不是吗？

许多现代女性主义者认为，只要婚姻以落后的形式存在，它就永远不可能为异性恋关系中的男女提供平等——因为它天生是一种带性别歧视的制度，它使妻子在成为父权制单元的一部分时失去了她们的姓氏、独立以及自由。

不错，婚后改变姓氏只是一种“传统”。但是，你愿意继承这个传统吗？2013年，脸书为英国《星期日泰晤士报》开展了一项调查，结果显示：对于这个问题，越来越多年轻女性的答案是否定的，她们的折中方案是依旧愿意结婚却不改姓氏。数据显示，在二十多岁的已婚女性中，有超过三分之一的人选择保留自己的姓氏；而六十多岁的女性只有12%拒绝改随夫姓；而在三十多岁的已婚女性中，则有74%的人改随夫姓。

传统对我有何用？

人们会以“传统”的名义做很多事情：把遗产留给长子继承，期望新郎父母为婚礼买单，让女人操持家务，等等。你会发现传

无论是否经过改革，父权制终究是父权制：如果父权制清除或抛弃了它最严重的弊端，它实际上可能会比以前更加稳定和稳固。

——凯特·米利特

统有一个反复出现的中心思想——“传统”规约在大多数情况下有利于男人，不利于女人。

当然，你可以反其道而行之：你可以保留自己的姓氏；你可以说服未来的丈夫改用你的姓氏；或者你甚至可以像许多西班牙女性或芭芭拉·史密斯那样，把夫妻的姓氏合在一起。史密斯是19世纪中叶著名的女性主义活动家，也是最早的女权组织兰汉姆广场女士团的成员，她在结婚时没有直接改随夫姓，而是把夫姓加在自己姓氏之后，变成了**芭芭拉·史密斯·波迪安**（Barbara Smith Bodichon，1827—1891），由此远远超越了她所处的那个时代。

另一位令人敬畏的女性主义者**凯特·米利特**则反对父权制强迫女性为丈夫牺牲自己。在整个20世纪60和70年代，她赋予女性主义运动以严格的学术性，并以坦率而诚恳的态度对待重大问题，不断将女性主义运动推向大众。

米利特对当时的文化产生了巨大影响，使得她的肖像被刊登在1970年8月31日的《时代》杂志封面上。她在1970年发表了开创性著作《性政治》，得到书评家克里斯托夫·勒赫曼-霍普的好评：“言辞如此辛辣，所有男性沙文主义的余毒都将在其喷灯火焰下像油脂那样溶化掉。”

《性政治》试图揭露性别歧视的压迫，同时证明我们生产和消费的故事与文化如何助长了不平等。米利特希望通过她的书帮助人们根除父权制。但她也认识到，要根除父权制就必须同时推翻压迫女性的性别歧视文化。

正是文化默认你需要随夫姓。正是文化规定，如果你想成为受法律认可的伴侣，你个人的私生活就必须遵守先辈所制定的规则。

失去你的独立性

婚后改随夫姓并非只是一种象征性改变而已。婚姻在世界上许多地区都不是出于自愿，它可能意味着你以前享有的任何独立性将就此结束。在这些地区，女性拥有自己的银行账户是一件很不寻常的事，而经济自由是女性实现平等、独立和个人自由的必要前提。

> **重点思考题**
> 仅仅因为它是传统，就意味着它对每个人都合理吗？

女性主义者已然为女性的独立奋斗了好几个世纪，以致现在女性经常被指责为“过分独立”——可是男人却不会有“过分”独立的风险。女人现在有了自己的事业和身份，能够脱离丈夫的控制，也可能会变得“过分”独立。更糟糕的是，女人为了保持独立，竟要保留她的姓氏，甚至选择单身或不生孩子。

你在结婚时除了要改变姓氏，可能还要放弃其他的个人自由。但是，你也可能是自愿放弃这些自由的？如果我们假定一个想做母亲和妻子的女人不能成为女性主义者，这无疑是对女性主义运动最大的伤害。

美国女性主义作家**贝蒂·弗里丹**就是一个彻底的浪漫派，尽管她对支配男女生活的传统价值观提出了种种批评，却仍然希望男女能够和谐地生活在一起。她全心全意地相信异性恋的爱情和婚姻（尽管我们必须指出，她拥有不可原谅的恐同倾向），甚至开玩笑说，她的墓碑上应该这样写道：“她帮助女人对身为女人更有自信，从而能更自由、更充分地爱男人。”所以，你想怎么做就怎

不幸的是，如果你跟孩子姓氏不同，出国旅行可能会遇到一些问题

么做吧。

如果你不遵守传统，不改随夫姓的话，就会遇到一些问题，因为社会实践不利于有着不同姓氏的家庭。例如，你们出门旅行时，人们怎么知道你们是一家人？过海关时，你将如何证明你的孩子是你的？对于许多人来说，这些都是合理的担忧，特别是当他们去一些保守的国家旅行时，如果夫妇俩姓氏不同，就可能不会被认为是夫妇。

抉择时刻

很多婚姻都以离婚告终，所以也许有一天你将再次面临改姓的难题。不过婚姻也可以是稳定而持久的。因此，米利特希望你求诸自己的问题是：改随夫姓会挑战你的独立女性身份吗？你改随夫姓仅仅是出于传统，还是自愿的选择？很少有女性主义者会认为，改随夫姓将让我们更接近于生活在一个平等的社会中。不过，如果你真的想改随夫姓的话，也几乎不会有女性主义者反对。毕竟，这只是一个姓氏而已。但你也要明白，这是你的姓氏。

我和丈夫都是全职职工，为什么家务活都得我来做？

布雷迪 ‖ 约翰斯顿 ‖ 弗里丹 ‖ 霍克希尔德

受苦的不止你一个。绝大多数证据都表明，即使女性有工作，她们也比男性承担更多的家务活。这当然不利于婚姻关系。研究表明，如果男性提高做家务活的频率，他们的妻子对婚姻的满意度就会升高，这种夫妻之间也较少产生婚姻冲突。问题在于，人们仍然期望妻子承担大部分家务活。

我们真的能把家务分工归因于性别差异吗？这里，我们可以谈论性别的两种意义。因为女人有阴道，她就天生比男人更擅长做家务吗？女人又不用阴道搞卫生，所以这个理由似乎站不住脚。但是女人确实用阴道来创造人类生命。当丈夫出门挣钱的时候，女人就在家里照顾家庭。18世纪中期到19世纪中期的工业革命则使这个问题变得更加突出。现在，尽管女性可以出门去工作，但世界却并未因此而改变，结果反而使女性要做双份工作：一份职业工作，一份家庭工作。而在这里，性别之所以与家务有关，是因为女性需要负责创造人类生命，然后她就得在家照顾这个生命，由此便与家务联系了起来。

> 大多数女性在办公室或工厂干一份工作，回到家又要干另一份工作。
>
> ——阿莉·罗素·霍克希尔德

新闻标题党可能会不知廉耻地写道："男人，想要更多性生活？洗碗去！"好像为自己和家人洗碗是一件值得奖励的事。那么做家务活多的男人是否有更多性生活？一份调查报告显示，情况正好相反。在获得性生活方面，似乎坚持过时的性别规范比平摊家务更行之有效。

我想讨个老婆

女性主义者认为，之所以会出现上述结果，很可能是因为性生活常被看作女性对丈夫的职责。要做个好妻子，你不仅得洗衣做饭，还要确保在床上让丈夫满意。

男性可以从女性伴侣身上获得如此特殊的待遇，以致一位激进的女性主义者甚至宣布："我想讨个老婆。"1971年，格洛丽亚·斯泰纳姆主办的第一期《女士》杂志上就刊登了女权活动家**朱迪·布雷迪**（Judy Brady，1937—2017）的这篇极具讽刺意味的文章：《我想讨个老婆》。布雷迪解释了如果她有个全身心地支持她、让她的生活变得更美好的老婆，她将获得哪些好处。"我想讨个老婆，她会照顾我的生理需要。我想讨个老婆，她会使我的家干净整洁。她会照顾我的孩子，也会照顾我。我想讨个老婆，她会洗衣、熨烫、修补，必要时更换，她会把我的私人物品放在合适的位置，以便我在需要时能立即找到。"布雷迪彻底抓住了男性的特权精神，在文章结尾写下一句发人深思的话："天哪，谁不想

天哪，谁不想讨个老婆？

——朱迪·布雷迪

爱情始于
你投入他的双臂之时，终于你的
双臂陷入他的水槽之时。

吉尔·约翰斯顿

讨个老婆?”

如果大家都没有老婆会怎样?

难道所有人真的都想要老婆吗?也许并非如此。第二波女性主义者实际上认为,人们应该彻底废除“老婆”,摆脱核心家庭这个阻碍女性发展的父权制结构。

纽约报纸《乡村之声》评论家、《女同性恋国》作者**吉尔·约翰斯顿**(Jill Johnston,1929—2010)指出:“传统家族”是一种仅对男性有利的封建父权制度。约翰斯顿认为,为了让世界各地的女性摆脱男性的压迫(以及独自打扫房屋的责任),社会需要得到彻底的反思。约翰斯顿领导了极端激进和富有争议的分离主义运动,主张男人和女人必须分开生活。她认为只有这样,才能塑造出没有性别压迫的新社会。

也许你和丈夫的感情很好,并不认同这样的解决方案,那你不如把你的想法告诉约翰斯顿,她会告诉你一些非常有趣的想法。“除了尚且不知道同性恋是怎么一回事的人以外,所有的女人都是女同性恋。”这句名言正是来自她。与格洛丽亚·斯泰纳姆等有时显得光鲜亮丽的女性主义者相比,约翰斯顿对平等和女性权利的看法是果敢而刺耳的,并且与当时的现状针锋相对。

传统的家庭主妇

当时的现状便是:成千上万的女性都要身体力行地追求完美家庭主妇的理想。这样的女人会遵从广告商推销给她的美国梦,相信如果自己拥有了一台好吸尘器,她就能够让丈夫和自己得到幸福。

如果你看过美剧《广告狂人》，你会发现剧中的贝蒂·德雷珀就是这样一个女人。而第二波女性主义的祖母**贝蒂·弗里丹**也是以这个女人为底本，写下了著作《女性的奥秘》。对弗里丹来说，女性的奥秘包括女性在性事方面的被动性，女性甘受男性支配以及女性承担家务劳动和养育孩子的主要责任。如此富含奥秘的女性必须为她的孩子和丈夫都提供母爱。

吉尔曼·格里尔等其他重量级第二波女性主义者也对这个话题进行了很多讨论，她们很可能会告诉你：很多女人觉得逮到一个男人（因为社会告诉她们女人需要男人）就心满意足了，她们甚至愿意为此忍受一切。

第二份工作

“第二份工作”是**阿莉·罗素·霍克希尔德**（Arlie Russell Hochschild，1940— ）首先提出的概念，也是她在1989年出版的作品名称。她在书中详细介绍了自己在20世纪80年代开展的开创性社会工作。为了了解不得不做两份工作的女性所承受的压力，她曾采访过一批女性及其伴侣。这些女性许多都受过高等教育，从事的工作收入较高，但她们的丈夫（必须补充一句，以及她们自己）仍然期望她们回家扮演另一个角色。

重点思考题
你的“第二份工作”对你的事业有什么影响？这不只是个家庭问题。

霍克希尔德强调：家务分配不均不只是“家庭”问题，也对职场造成了不可估量的影响。由此，她把对女性“第二份工作”的话题探讨推进到新的方向。她说，无论是身为家庭主妇还是职业母亲，女性都被要求做出巨大的牺牲。

抉择时刻

家庭主妇付出的代价是远离主流社会生活，职业女性付出的代价是由于进入劳动力市场而缺少额外的情感能量来抚育家庭。无论你怎么做，你都将受苦。现行的这种制度不适用于现代女性，因为它起源于女人只能为外出工作的丈夫提供支持的时代。只要它保持不变，你在家里就必须承担额外的工作，而无论在家里还是在办公室，平等都不可能实现。

我真的想要孩子吗？

格里尔 ‖ 里奇 ‖ 费尔斯通 ‖ 莫兰

任何说过“我不确定我想不想要孩子”的女性都会明白，在现代社会的大多数圈子里，这仍然是一句忌讳的话。不想要孩子？你不可能是认真的。遇到对的人，你会改变主意的。当你的生物钟开始嘀嗒作响时，你会改变主意的。等你怀上自己的孩子，你会改变主意的。

是的，你原以为这只是你和配偶之间私下决定的事情，但是到了某个时间节点，它会突然在家人和朋友之间，在工作单位或网上（如果你想和别人分享你的想法），在你所处的任何场合成为公众审查的话题。因为即使在21世纪，一个不想要孩子的女人也是不可理喻的。

但如今有一组有趣的统计数字，可以反驳这个奇怪的现代谜团，说明选择不生孩子的女性数量正在上升。《经济学人》在2017年发表的一篇文章中指出，1946年出生在英格兰和威尔士的女性中，只有9%没有孩子，而1970年出生女性的不育比例已升至17%。这还不仅仅是一代人的问题。2007至2012年间，二十多岁女性的生育率下降了15%。2010年的一项研究显示，五分之一的美国女性在没有孩子的情况下进入更年期，而在20世纪70年代，这一比例仅为十分之一。

这类数字常常引起人们的警惕。没有孩子的夫妇将如何打发他们的时间？更频繁地去度假？省下钱来多出去享受，得到不间断的睡眠？或者他们正计划做更邪恶的事情，比如通过秘密策划剥夺一个家庭的后代，来灭绝全人类?

对此，**吉尔曼·格里尔**在《女太监》中发表了评论。这位生于澳大利亚、具有生态保护意识的女性主义者认为，撇开舆论不谈，生育并不是女性的义务。但是，对于女人的生育责任，女人和男人却从小就信以为真。人生就是如此：上学，工作，结婚，生子。女人是有爱心有母性的，一旦她们俘获男人，她们迟早都会希望男人在她们身上播下种子，这样他们就开始创造自己的家庭了。不是吗?

男人比女人更想要孩子吗?

难道这种家庭幻想都是一场空?别把格里尔的话完全当真。2011年，一项针对美国单身无子女人群的调查显示，想要孩子的男性多于女性。同一项调查还显示，女性比男性更希望在婚姻关系中获得独立、个人空间和追求自己兴趣爱好的余裕。男人想要孩子，女人想要独立?接下来还有什么?

2013年的另一项民意调查呼应了上述发现，80%以上的男性说他们一直想成为父亲，或至少认为自己以后会成为父亲，而只有70%的女性有同样的感觉。

那么，为什么我们仍然相信所有的女人都必须生孩子，而做母亲才是女性真正的唯一使命呢?难道是老天不允许有阴道的人

缺乏与童年现实的接触，使得每一个年轻的成年人都易于陷入自己儿时所轻视的孩童式的感情用事。

——舒拉米斯·费尔斯通

另有打算，比如创业，成为世界级运动员或竞选总统？

阿德里安·里奇在《生为女人：母性作为经验和体制》（1976）中把这个话题牢牢地置于女性主义理论的舞台中央，她借鉴了多门学科的知识，对母性的意义和经验进行了深远的反思。里奇从人类学、女性主义理论、心理学和文学的视角指出，在任何这些领域中，母性从来没有真正得到正确的理解。母性实则是一个需要探索的新领域。

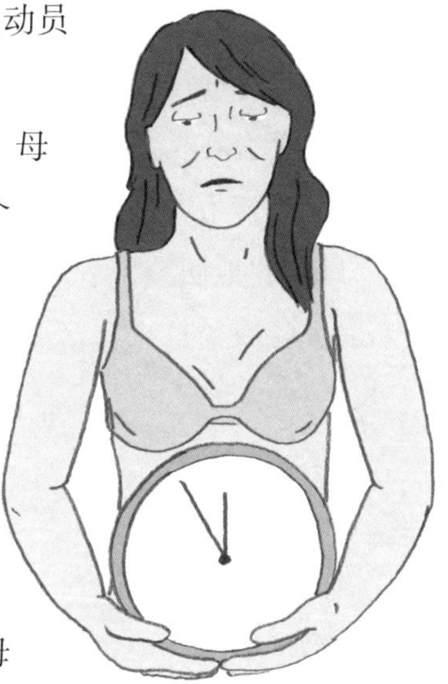

"生物钟"成了抨击年长单身女性的陈词滥调

然而，利用女性的身体来控制女性却并不新鲜。"男人对女人身体的控制毫无革命性可言，"里奇解释道，"女人的身体正是父权制得以确立的基础。"

她甚至更进一步思考：对一个真正独立的女性而言，生活会是什么样子？这样的女性不用母亲或妻子来定义自己的身份："你能想象有些人会多么羡慕你能自由地工作、思考、旅行，以自己的身份而不是以孩子的母亲或男人的妻子身份进入各种场合吗？……我们还没有耳熟、现成的名字来称呼这样的女人：她通过自己的选择来定义自己，既不借助孩子，也不借助男人，而是采取自我认同，自己选择了自己。"

里奇最终却并不打算深挖这个话题。她说："对女性来说，身体已经变得如此成问题，以至于女性常常更愿意把它抛诸脑后，以不具形体的灵魂上路。"

为人父母是一种受压迫的形式？

先别笑。在美剧《纸牌屋》的第四季中，罗宾·赖特饰演的克莱尔·安德伍德被一位年轻的母亲诘问道："你后悔没生孩子吗？"她聪明地回答说："你后悔生孩子了吗？"

是否后悔给这个世界带来新生命？这是一个人们很少公开讨论的话题——大概是因为人们无法合法或合乎道德地摆脱自己的孩子。但对于一些女性主义者来说，孩子只是社会压迫女性的另一种方式。

重点思考题

我们为什么仍然相信为人母亲是每个女性的使命？

舒拉米斯·费尔斯通有好几个兄弟姐妹，所以她很清楚他们给母亲带来的负担。这位加拿大裔美国女性主义者在二十四岁时写下了她唯一一部女性主义著作《性的辩证法》，并在书中对马克思、恩格斯和弗洛伊德的理论进行了重新阐释，由此名声大振。

简而言之，费尔斯通想要废除母性的观念，并把家庭重新想象为成年男女分工协作的单位。她称怀孕为"野蛮时期"，将童年描述为"地狱"，分娩"就像排泄一个南瓜"。她从来没有生过孩子。

费尔斯通认为童年的问题在于：它与成年的断裂是如此巨大，这反过来又在成人的生活中造成了一片巨大的空白——然后他们试图通过生孩子来填补这个空白。她指出："缺乏与童年现实的接触，使得每一个年轻的成年人都易于陷入自己儿时所轻视的孩童式的感情用事。"

费尔斯通设想过一种人工子宫技术，可以解决生育问题，这可能是她最著名、最激进的方案。她认为，家庭和生育的劳动阻碍了女性的发展。因此，与其让女性不得不生孩子，她建议社会不如开发让孩子在母体之外孕育的技术。在她看来，这将是实现男女真正平等的唯一途径。

一旦女性既不需要通过十月怀胎来繁殖后代，也不需要仅凭一己之力花费十八年时间来抚育后代，那么人类的世界就会大变样了。这是费尔斯通的女性主义革命的根本基石，或许也正可以回答你心中的问题？

"你的想法会变的"

如果你决定不生孩子，坐等科学让费尔斯通的设想成真，你可能会遇到许多人告诫你，"你的想法很快就会变的"。英国记者**凯特琳·莫兰**（Caitlin Moran，1975— ）在《如何做女人》（2011）中对此发表了评论。在她的书中，题为"你为什么应该要孩子"的章节后面紧接着的是"你为什么不应该要孩子"。莫兰在

> 我们需要让更多的女性去证明她们作为人的价值，而不是让社会对女性的评价落在她们养育后代的能力上。
>
> ——凯特琳·莫兰

书中写道:“如果一个女人说她根本不想要孩子,那么世人肯定觉得很奇怪。他们会说:‘噢,不管你最后做出怎样的决定,别这么快就下定论。’——仿佛(也不管你愿不愿意)性交、怀胎,再把一个大活人从肚子里生出来,然后把余生都投入到孩子的福祉中,不过是小事一桩而已。”

抉择时刻

世界不需要那么多孩子。有趣的是,许多女性主义者把自己与生态事业相联系,她们会坚决地告诉你:你没有义务让这个已然人口过剩的星球雪上加霜。生养孩子只对想要孩子的人来说是快乐的。然而,社会需要接受女人做女人的新方式。或者正如莫兰所说:“我们需要让更多的女性去证明她们作为人的价值,而不是让社会对女性的评价落在她们养育后代的能力上。”

究竟什么样的家庭才算正常？

米利特 ‖ 格里尔 ‖ 费尔斯通 ‖ 罗博瑟姆 ‖ 胡克斯

在这个高离婚率、同性婚姻和精子捐献的时代，你很难以肯定的姿态回答这个问题。正常家庭真的再也不存在了？难道它最初曾经存在过？

枝干家庭或核心家庭由丈夫、妻子和大约两个孩子组成，以父亲供养家庭、母亲抚养子女为基础。它曾被视作20世纪的孩子成长的理想环境。

不过，它其实是一个相对现代的概念。在许多西方国家，家庭成员直到20世纪之前都聚居在几代人共享的房子里。人们不必去很远的地方工作，而是以家庭为单位在社会上运作，并不会分布到全国乃至世界各地。

后来发生了两次世界大战，一切都变了。人们开始重视自己的独立性，女性逐渐获得更多的自由。20世纪下半叶，男主外、女主内的家庭模式受到广告的推崇，但渐渐地，社会主义者和女性主义者开始质疑这种模式的存在基础。

到20世纪80年代，酷儿理论与当时的女性主义理论都得到了迅速发展。随着始于20世纪60年代末的同性恋解放运动逐渐走向兴盛，各类作家都开始反对社会的普遍假设：每个家庭都应该有

一夫一妻制核心家庭已成为一种荒谬的理想……

——希拉·罗博瑟姆

一对异性恋家长，并以特定的方式运作。然而他们收到的反馈是一种直到如今都在大多数地方盛行的看法：核心家庭才是正常家庭，其他都属于“另类”家庭。无论是女同性恋家庭还是单身妈妈，社会都难以理解不以成年男性为主导的家庭。

一家之主

这个作为一家之主的成年男子正是父亲，他在经济和社会上被赋予对于妻子和孩子的所有权。而从历史上看，这其中还包括对妻子和孩子进行人身虐待的权力。例如直到1920年，“殴打妻子”才在美国被定为非法。直到20世纪70年代，家庭暴力才开始被视为严重犯罪，而不仅仅是私人家庭问题。

纵观历史，每当我们说到生育，似乎都是男性在延续血脉。家庭的女主人只是生育的工具，她的女性后代也不如男性后代重要。正是这种思想为当代的家庭结构奠定了基础，它遭到女性主义者**凯特·米利特**的激烈反对。米利特先嫁给一个男人，后又同一位女性结婚，由此知行合一。由于她不循规蹈矩，她因此受到了惩罚。

米利特经常指出男女结合的社会局限性，并把传统家庭视为压迫的工具。“家庭是父权制的主要体制，”米利特在《性政治》中写道，“它既是社会的一面镜子，也是个体与社会相连的纽带；它是父权制整体之下的一个父权制单元。家庭在个人与社会结构之间起着中介作用，它在政治和其他权威力有不逮时，实现控制和遵从。”对米利特来说，正常家庭只是男权的延伸，它是父权制控制人们个人生活的私人帝国。

重点思考题

核心家庭又是一种令人窒息的父权制结构吗?

社会主义者的解决方案

如果家庭是父权制的压迫工具，我们又该怎么办呢？一些女性主义者建议，我们需要的是一场革命，而不是仅仅放开单亲家庭、同性恋父母的叙事。20世纪的核心家庭代表了一种妥协；它需要被彻底破除。

社会主义女性主义者建议，家庭应该以社区为中心，更具有流动性。例如，**吉尔曼·格里尔**和**舒拉米斯·费尔斯通**都分别主张建立一种非传统的家庭模式，让两个以上的成年人共同承担照顾孩子的责任，由此赋予人们更多自由，并抛弃传统的性别角色。正如费尔斯通在《性的辩证法》中所写的那样，这是因为核心家庭是一种压迫性的结构，它使两性之间的斗争无休无止。随后，格里尔则在《女太监》中设想了一个新时代，它以一种较灵活的家庭结构使男女获得解放，而经过扩展的家庭将生活在一起，由此打破传统的模式。

英国女性主义者**希拉·罗博瑟姆**（Sheila Rowbotham，1943—　）也认为，这将有助于减轻家庭生活的负担。她相信，随着现代家庭规模的缩小，其施加给家庭成员的情感负担也在加重。她在《女性的意识，男性的世界》（1973）一书中写道："一夫一妻制核心家庭已成为一种荒谬的理想，以致它几乎在自己被发明出来之前，就已经被无法实现的希望之重压垮了。"

家庭和社会之间的合作是必不可少的，否则两者都会行不通。但是如果我们对个人生活的组织形式进行改造，使它超越男人被期望出去工作，而女人被期望承担大部分照顾孩子和家务劳动的责任的单一模式，那么每个人都将从中受益。这些女性认为，现代家庭削弱了人们与亲戚、朋友和邻居的联系，并且不利于社区。

一切都是为了爱

另一位女性主义者**贝尔·胡克斯**则以其典型的注重感情且和平的方式加入了这个问题的讨论。她在《一切都是为了爱》(2000)中指出，家庭并不是人际关系的最佳运作方式。相反，我们应该在爱的基础上建立生活。她认为给予人类爱和安全感的是社区，而不是核心家庭。“在我们的社会中，很多关于‘家庭价值观’的讨论都突出了核心家庭，即由父亲、母亲以及最好是两个孩子组成的家庭。”胡克斯指出:“在美国，核心家庭被当作最主流也最可取的养育孩子的组织形式，人们认为它将确保每个人获得最大程度的幸福。当然，这只是关于家庭的幻想。在我们的社会中，几乎没有人仅仅生活在这样的家庭环境中。”

贝尔·胡克斯推崇的大家庭模式

抉择时刻

胡克斯和同时代的女性主义者同侪都认为，所谓正常的家庭不仅是一种压迫的工具，而且严重忽视了人们（尤其是没有特权背景的人）的实际生活方式。胡克斯在《一切都是为了爱》中指出，与社会有隔阂的核心家庭依赖大多数人都不曾拥有的“物质资源”:“现代理想化的核心家庭只有富人和特权阶层才能拥有。”对于开放和包容的女性主义来说，核心家庭的真实性仅限于此。所谓正常家庭的标准是不存在的。所以，去制定你自己的规则吧。

家庭是父权制的主要体制，它既是社会的一面镜子，也是个体与社会相连的纽带；它是父权制整体之下的一个父权制单元。

凯特·米利特

谁应该休假带娃?

罗博瑟姆 ‖ 波伏瓦 ‖ 费尔斯通

你能讨论这样的话题就已经意味着你很幸运了：你生活在一个承认男女都应该照顾孩子的国家。恭喜你!你是幸运的少数人。在世界上大多数国家里，女性即使需要工作挣钱，也得承担照顾孩子的全部责任。

接下来，我们再来谈谈问题的复杂之处。尽管有些人可能会认为，抚养孩子是“女人的工作”，但很久以来，这一直是女性主义者热烈争论的话题。因为事实上，很多男人和女人一样擅长和孩子相处（反正这都是主观看法）。

女性主义者非常在乎这个问题。它一直以各种不同的形式出现在女性主义议程上，因为儿童养育涉及女性主义理论的许多重要领域。母性、生物本质主义、家务劳动、资本主义、阶级、机会平等，这些议题都出现在关于育儿假的讨论当中。母性尽管有着神奇的特质，对女性主义者来说却在许多层面上是有问题的，而它最严重的问题在于：它会将女性带出公共领域，带回私人领域，它使女性无法外出工作。即使她最终回到了工作岗位，也可能会使她在工作中的机会受到限制。母性妨碍了女性的发展。

那么，社会从什么时候开始，认定女性天生比男性更擅长养育孩子呢？“母性本能”又是一种社会为规定性别角色而创造出来的建构吗？当女性主义者批评母性的时候，他们认为女性气质已然被简化为一种本质主义术语，它假定女性天生就是无私的养育者。这些假定意味着：社会是围绕女性负责照顾孩子、老人和病人的预设来组织的。

这些都是父权制建构的神话，结果造就了一个限制女性充分自我实现的世界。为了让女性与男性平起平坐，儿童养育工作需要平均分配。这就是为什么育儿假是一个如此重要的话题。

机会平等始于家庭

如果男人不调整他们的定位，女性怎么可能在外面表现得更出色呢？这是许多现代讨论的核心，它围绕的中心问题是：做男人意味着什么？如果女性在社会中的意义已经被重新定义，那么男性的地位也必须被重新定义。毕竟女人已经为了照顾孩子和其他人，不成比例地搁置了自己的个人和职业的抱负。

2016年，一项针对全球2.2万家公司的研究显示，女性在领导岗位上所占比例最高的国家与所占比例最低的国家相比，前者提供的育儿假天数是后者的12倍。研究人员得出的结论是："如果男

所有的父母都必须学会兼顾工作和家庭，但毫无疑问，最需要平衡两者的人是母亲

> 照顾小孩很重要，也很令人沉醉，但这并不意味着这件事应该被完全托付给一个人来做。
>
> ——希拉·罗博瑟姆

性休育儿假，女性在职业生涯中受到的干扰就较少，且更有可能登上事业的顶峰。”

1973年，社会主义女性主义理论家**希拉·罗博瑟姆**在《女性的意识，男性的世界》中写道，无偿家务劳动和照顾孩子是女性受压迫的核心议题。罗博瑟姆认为："我们在家庭中的劳动得不到认可，只会令我们远离行业中更好的工作，并成为令我们被指责为游手好闲和不够可靠的借口。家庭和工作之间的断裂，加上女性承担家务和照顾孩子的责任，助长了长期的不平等。”

最近，布鲁金斯学会的两位经济学家在《纽约时报》上发表了一篇文章，提出了类似的论点。“过去的性别革命处于一头发力的状态，”理查德·里维斯和伊莎贝尔·索希尔在2015年表示，“在让男性扮演传统女性角色的方面，我们做得还不够，这是我们现在应该优先考虑的问题。”

到底是由你，还是由你的伴侣来照顾孩子？这不仅是你们俩之间的私人决定，而且正如你俩各自扮演的性别角色所示，这也是一个社会、经济和政治的问题。

难道女性不比男性更擅长育儿吗?

问得好。许多女性主义者认为，育儿并不是女性的内在属性。是的，你可能被大自然设计成生孩子的人，但这并不是让你整天一个人在家照顾孩子的理由——比方说，如果你丈夫比你更会照顾孩子，或者你正处于事业的一个更重要的阶段，该怎么办呢？我们当然应该考虑诸如此类的因素，而不应该只是简单地说："哦，我是女人，所以我必然更擅长带孩子。"

重点思考题

为了实现平等，男性是否需要开始担负起传统上被分配给女性的角色？

这话是谁说的？**西蒙娜·德·波伏瓦**从一开始就提出过这个问题。这位法国女性主义者在《第二性》中指出，女人从婴儿期开始就被反复告知，她们来到这个世界上就是为了生儿育女。她们被灌输"母性的光辉"，母亲把孩子带到这个世界上的"非凡荣耀"可以压倒她所有的缺点。波伏瓦指出，这样的想法影响了女性为自己做选择的能力，她们甚至不清楚自己是否想要做母亲。

罗博瑟姆也参与了这个问题的讨论，她从社会主义者的视角，看到了资本主义是如何把家务劳动和照顾孩子归为"女性"范畴。"家务劳动是苦差事，最好通过机械化和社会化来贬低它们，但烹饪除外，因为美食是可以分享的。"她在《女性的意识，男性的世界》中写道："照顾小孩很重要，也很令人沉醉，但这并不意味着这件事应该被完全托付给一个人来做。"

为什么爸爸也需要女性主义

因为缺乏选择而裹足不前的不只有女性。如果女性受到性别刻板印象的困扰，不得不待在家里，那么男性也会受刻板印象的影响，不得不被办公桌所束缚。据报道，虽然英国在2015年引入

了共享育儿假法案，但即便几年过后也几乎没有人使用这一法案。

与此同时，美国劳工部一项涵盖全国范围的研究发现，超过70%初为人父的男性休假不超过十天，他们中仅13%的人享受了带薪假期，而同样享受带薪假期的女性则有21%。

研究还表明，那些早早参与照顾孩子的父亲，在后续育儿中也会更加积极主动。对于那些在职业和个人两方面寻求平等合作的家庭来说，分配好照顾孩子的工作至关重要。

但是如果没有带薪育儿假，即使父亲愿意，也不可能在家里成为平等的伴侣，更不要说单亲父亲和LGBTQ（女同性恋、男同性恋、双性恋、跨性别者和性别不确定者）夫妇了。用官方的育儿假政策来鼓励父爱能挑战传统的性别角色，促进LGBTQ人群平等，并为工作场所的所有家长赋能。

激进的解决方案

为了减轻女性作为母亲的压力，**舒拉米斯·费尔斯通**提出了一个非常激进的解决方案。她认为，当科学使人类女性无须十月怀胎就能生育时，女性才最终就有了与男性平等的机会。费尔斯通和其他女性主义理论家都试图消除社会施加给女性的“养育”压力，并认为这是社会控制女性的一种手段。

为了实现两性平等，男性和更广泛的社会群体都应该承担起照顾孩子的责任，并为此投入大量的资源。无论是由地方政府提供资助，由亲朋好友组成支持网络，还是由雇主安排男女员工更弹性地工作或提供现场托儿服务，都会在社会上和经济上让每个人受惠。这对于收入不高的单亲父母和普通夫妇来说尤其重要，毕竟他们既难以负担照顾孩子的开销，更负担不起失去工作的后果。

抉择时刻

在决定到底是你还是你的丈夫休假带娃时，你们应该讨论哪些问题？最显而易见的是：谁赚的钱最多？但还有许多其他因素。谁更擅长全天独自照料孩子？谁的雇主更支持育儿假？谁的工作有更灵活的工作时间？夫妻之间的这种对话越多，职场文化就越需要跟上人们的需求，才能留住最优秀的员工。希望如此。

我女儿非要人叫她“公主”，是我哪里做错了吗？

克里亚多-佩雷斯 ‖ 波伏瓦 ‖ 米利特 ‖ 费恩

是男孩还是女孩？这是我们在孩子出生时问的第一个问题。这只是个开始。在整个童年时期，我们会完全根据孩子的性别，鼓励他们玩特定的玩具，要求他们以某种方式行事。这是对还是错？如果你想把孩子培养成一个兴趣和行为不由社会期望决定的人，会发生什么？

好吧，冷静点。你所面对的是历经几十个世纪的社会训练。男孩要做男孩该做的事，比如玩玩具汽车，而女孩肯定想用洋娃娃练习她们的母性本能，为她们以后成为母亲以及在社会中承担的看护角色做准备。

孩子从降世第一天开始受到的对待将对他们的一生造成怎样的影响？这是一个很难回答的问题，但是许多女性主义者勇敢地尝试对它们进行回答。**卡罗琳·克里亚多-佩雷斯**（Caroline Criado-Perez，1984— ）在著作《像女人那样行事……然后改变世界》（2015）中引用了一项关于出生公告的研究。在这项研究中，社会学家芭芭拉·卡茨·罗斯曼发现：“骄傲”一词多用于男孩的出生公告中，而“开心”一词多用于女孩出生公告中。

实际上，如果生个女孩，人们有可能甚至不会发布公告。在一些国家，这甚至不是骄傲或开心的问题：女孩都没人要，她们仅仅因为性别而遭到流产、杀害或生下来就被遗弃。

生来命已注定

那么，当人们生了男孩时，他们真的会更快乐吗？按照许多人的道德标准，这是一个难以接受的话题。如今，走进发达国家的任何一家医院，你都不太可能发现妻子会因为生不出男性继承人而被丈夫抛弃。

重点思考题
我们能避免因性别而区别对待儿童吗？或者这只是我们的天性？

但不管我们喜不喜欢，当我们陪伴在年幼的孩子身边时，都会有某些来自社会和我们内心的力量在发挥作用。这些力量会使我们对男孩和女孩区别对待。它们决定着孩子们的经历，并最终决定了他们的生活方式。

西蒙娜·德·波伏瓦对孩子婴幼期和童年期的思考超越了她所处的时代，她对塑造年轻人生活的成长岁月做出了具有说服力的论述。对她来说，孩子的身体是他们第一次体验（父权）世界的工具，因此，基于生理特点而对孩童身体所做的任何预设都会影响他们的自我认知。

波伏瓦在《第二性》中解释道："女孩们会被更频繁地亲吻

女孩们会被更频繁地亲吻和更友善地对待，而男孩们会因为不想要取悦于人而自顾自地开心。

——西蒙娜·德·波伏瓦

和更友善地对待，而男孩们会因为不想要取悦于人而自顾自地开心。”她说，少女们就这样看待自己，把自己看作需要别人关注的光鲜之物。“如果在青春期之前，甚至从孩提时代开始，女孩就已经表现出性别特征，那不是因为她受到了‘神秘的本能’的影响，才变得被动、爱撒娇或具有母性，”波伏瓦说，“而是因为从她生命之初，她就被强行灌输了女性天职的概念，其他人对婴儿生活的干预才是问题的根源。”波伏瓦说，女人是后天变成的，而不是天生的。

波伏瓦所说的“神秘的本能”，后来被称为生物本质主义。这种观念认为你的儿子或女儿的本质由生物特点所决定。故而它也被称为生物决定论。它包含着这样一个普遍的观念：女孩由于其基因的构成，天生较有母性。但是按照《女性主义理论百科全书》（2003）的记载，波伏瓦之后的许多女性主义者（如著名的女性主义生物学家林达·伯克、露丝·布莱埃、安妮·福斯托-斯特林、露丝·哈布德和苏·罗塞尔等）都对此进行了反驳。

女性主义者反对生物本质主义的一个主要原因是：它忽略了所有影响人们自我认知的外部因素，比如孩子所观察到的父母的行为、所看到的电视节目、所学到的书本知识等等。孩子们并不是在真空环境下成长的，世界从他们出生的那一天起就在塑造他们。

反抗有意义吗?

有人会认为：“我的女儿是女孩，所以她就必须符合社会对她的期望。”如果你不是这类人，那么你就走上了正确的道路。但

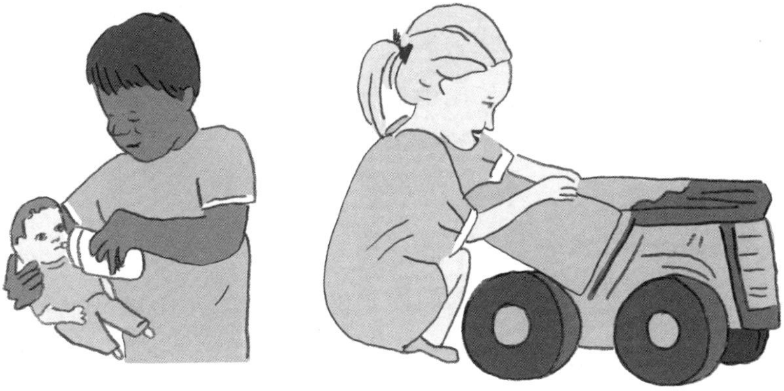

我们童年的玩具如何影响了我们的成年生活和期望？

是，正如一项实验所发现的那样，人们还是很难完全避免这类陷阱。

这是一项由BBC（英国广播公司）进行的实验，它试图探讨人们要想达到性别平等有多难。实验方法很简单：先给男婴穿上女孩的衣服，再给女婴穿上男孩的衣服。接着，请志愿者到房间里，让他们选择不同的玩具和这些孩子一起玩。

不出所料，“女孩”得到了柔软的玩具和娃娃，而“男孩”得到了汽车和机器人。志愿者惊诧地发现自己掉进了陷阱，毫不犹豫地将他们的刻板印象直接投射到这些婴儿身上。

这种性别歧视不只是发生在幼儿园而已。想想你女儿看过多少部描写公主的迪士尼动画？我们被告知，女孩都是处于困境中的少女，必须由男人来拯救。这种普遍的、制度化的性别歧视，只给你女儿指出了唯一一条人生之路。面对此情此景，你能做些什么？

凯特·米利特认为，男性对女性的压迫始于家庭，所以要想改变性别歧视，也许你该从家里做起。在孩子的成长过程中，如果他们看到母亲以一己之力履行家庭义务，那么他们就会了解这是女人的职责所在。你要向他们展示，做一只漂亮的家养宠物既不是女人的工作，也不是女孩的宿命。

玩具教会孩子什么?

近年来，关于这个话题的探索仍在延续。2010年，加拿大裔英国心理学家**科迪莉娅·费恩**（Cordelia Fine，1975— ）出版了著作《性别妄想：我们的大脑、社会和身心性别歧视如何创造出差异》，试图揭穿男女天生兴趣不同的神话。她在书中指出，社会和环境因素对思维的影响远大于生物学的影响（如果生物学确实有影响的话——也就是说还不确定）。

有些人认为，现在男女在世界上许多地方都享有平等的权利，因此男女仍然存在的不平等一定是由生理差异造成的。费恩说，这是一派胡言，是时候停止用科学来为性别歧视辩护了。

耐人寻味的是，我们依然在最近发现儿童玩具包含多么大的性别歧视。在大多数玩具店里，男孩和女孩的玩具都被分开摆放，以防（老天爷都不许）男孩拿起洋娃娃，以为是给他玩的玩具。

2011年，伦敦的汉姆利玩具店因为名列首批性别中立的大型玩具店而广为人知。然而在大多数情况下，男孩和女孩的玩具仍然被分开摆放，玩具广告也专门针对男孩或女孩而设计。在粉红色的货架上，你会发现玩偶和芭比娃娃，它们鼓励女孩玩漂亮柔软的玩具，可以把它们放在迷你婴儿车里转来转去。与之形成鲜明对比的是，在蓝色货架上你会发现卡车、汽车和机器人，这些玩具已经被证明能够培养空间意识、自信和对技术的兴趣。

抉择时刻

英国工程与技术学院的一项研究发现，在注重科学、技术、工程和数学知识的玩具里，以男孩为受众的产品是定位女孩的产品数量的三倍。与此同时，最近的数据显示，尽管小学女生对信息与通信技术和计算机充满热情，但在英国工程师中，女性仅占9%。你只能得出一个结论：你给孩子买的玩具类型正在影响他们在生活中获得的机会。所以，如果你女儿想当公主，那也没问题。只要你向她证明，她也可以成为一位擅长数理化的公主，并且可以追求她想选择的任何一条道路。

第四章：工作与薪酬

我只想做个家庭主妇，可以吗？

弗里丹 ‖ 勃朗特 ‖ 吉尔伯特 ‖ 古巴尔 ‖ 伍尔夫

女性主义者努力让女性拥有更广泛的选择，对自己的生活有更多的支配权，因此她们绝不会认为选择做家庭主妇绝对是“错误的”。不过，她们可能都会对这一无偿的职业选择感到惊讶，毕竟长期以来，它迫使女性不知不觉地承担了更多的家务劳动，远超过她们应该做的部分。更糟糕的是，它还迫使女性成为某种“类别”的女人——纯洁、高尚、无私，甚至是天使。

至少在西方世界，居家生活已然再次焕发光彩。我们的杂志曾就一系列影响深远且复杂的话题为聪明的职业女性撰写各类文章，如今却仿佛一夜回到了20世纪50年代。现在，这些杂志上已不再刊登关于政治和职业的文章，取而代之的几乎全是名人琐事、“必备”购物清单和各式体验，以及节食法则（通常伪装成“健康饮食法则”）。手工艺制作作为休闲活动也重新兴起，各个年龄段的女性（和少数男性）都热爱做编织和钩针的活计。食谱中费时费事的工序曾一度被交给超市，现在却有文章问道，既然你可以在几小时内烤好自己的面包，为什么还要买面包呢？

几个小时？可是，一想到当下的时间文化——人们总是觉得时间紧迫，整天匆匆忙忙，压力巨大，怎么可能有时间烤面包呢？2016年面包房世界杯的获胜者或许能为我们提供一些线索。排名前三的参赛队包括11名男子和1名女子。而BBC在报道全由男性组成的韩国队获胜的新闻时指出，“现在男性做饭的情况越来越多了，至少在向人炫耀和公开展示时是这样”。女性主义者黛利拉·坎贝尔在《麻烦与纷争》杂志上发表了《家庭主妇的选择？》一文，她认为男人已经占领了“家庭生活的公共领域”，随时准备显露出自己才是烹饪名家和“专家”的面孔。

女性的奥秘

与此同时，回到家里，情况则另当别论。研究表明，尽管相比20世纪50年代（当时**贝蒂·弗里丹**在为创作《女性的奥秘》进行相关研究），现在的男性更多地参与到料理家务、做饭和照顾孩子的工作中，但是在2010年后，情况又开始逆转，女性再次在家庭生活中扮演着越来越重要的角色，尤其是在夫妻俩面临照顾孩子和工作的冲突时。在家庭条件允许的情况下，全职家庭主妇似乎成为一种更有吸引力的选择，而弗里丹在书中提出的警告至今仍然适用。全职家庭主妇曾向弗里丹抱怨过自己全身不适的感受，具体表现为困倦、注意力不集中和抑郁。弗里丹发现，这是由于在家工作完全没有新鲜感，日复一日地重复处理例行事务（尤其是对孩子还年幼的妇女而言），让人很无聊。

鉴于全球女性重度抑郁症的患病率高于男性（女性占5.5%，男性占3.2%），而且研究表明，这种情况不因社会阶层、收入、种族、文化、饮食、教育或其他社会经济因素而发生变化，那么考虑到全职家庭主妇工作令人抑郁的特点，我们最好三思而后行。

> 如果我没有杀死她［家中天使］，她就会反过来杀了我。她会在我的作品中摘掉我的心。
>
> ——弗吉尼亚·伍尔夫

更重要的是，早在19世纪工业革命时期，当人们的工作环境、工作时间和工资出现了跟我们现在类似的剧变时，女性就曾经陷入这样的陷阱。我们目前所经历的信息技术革命，据说跟工业革命一样，引起了许多恐惧和不确定性。规范、传统甚至社会中的角色似乎都在令人不安地变化着，期望和责任都需要重新确认或重新定义。

工业革命催生出三种女性角色：新女性、堕落女性和家中天使。新女性是为妇女解放和选举权奔走的女性，虽然被视为怪人，却仍然有可能被社会容忍；堕落女性可能是与（已婚或未婚）男人有染的女性、有私生子的女性、不忠的妻子、演员、模特或妓女，她们遭到社会的排斥。这两种女性角色有一个共同之处：她们都拒绝按照第三种女性“家中天使”所遵从的规则行事。

家中天使

这个奇怪的短语来自维多利亚时代英国作家考文垂·帕特莫尔的一首诗作标题。在这首诗中，他讲述了一位名叫霍尼亚的淳朴乡村女人的恋爱和婚姻故事，并对她的特性大加赞赏。他还探讨了“妻子的悲剧”（第九诗章第一诗节）。他说：“男人必须被愉悦，而愉悦男人是女人的愉悦。”霍尼亚努力地让丈夫快乐，虽然他显然是个难以对付的

家中天使

无聊之人。正如帕特莫尔所暗示的那样，妻子“把她的心拴到冰柱上”，但是丈夫的“每句不耐烦之语都会引出他的，而不是她的，又一句不耐烦之语”。

帕特莫尔认为，妻子的工作就是把丈夫变成一个更好的男人。她“天生”无私、温柔、不非议、优雅、富有同情心、自我牺牲、虔诚，最重要的是纯洁。这些吸引人的品质将对她的丈夫产生巨大影响，使他成为（用今天的话说）“他能成为的最好的人”。这首诗非常受欢迎，作家约翰·罗斯金以极大的热情赞扬了“家中天使”的说法。他坚信女人的天职是在家里照顾家庭和家人；而她丈夫的领域乃是公共空间，他在那里挣钱和保护家人（这是“善意父权”的另一个发端，参见上文第34—35页）。罗斯金在文章《女王的花园》中解释道：“女人的力量在于统治，而不是战斗——她的智慧不是为了发明或创造，而是为了甜蜜的秩序。”

阁楼上的疯女人

女作家**夏洛蒂·勃朗特**（Charlotte Brontë，1816—1855）对此持有不同看法。1837年，她收到诗人罗伯特·骚塞写给她的一封信，信中说：“文学不是女人一生的事业，也不可能是。”作为回击，她写下了小说《简·爱》。她不仅在这部小说中表现出相当多的“发明和创造”，而且还为女人想象出一个与前面所述完全不同的角色。简·爱本人“古雅、安静、严肃而单纯”，但她拒绝做天使，即使是为她爱的

重点思考题

当女人做无报酬的“家庭主妇”时，谁的日子过得最舒坦？

爱德华·罗切斯特也不行。“我不是天使,”她说,“我不是天使,就是到死也不会是。我是我自己。罗切斯特先生,你不该在我身上指望或强求天上才有的东西,你不会得到的。就像我无法从你那儿得到一样。而且我一点也不指望。”(这是非常简练的平等观念。)

当简·爱坚定地站在大地上,她感觉到一个可怕的身影,那与其说是她自己的对立面,不如说是“家中天使”的对立面:阁楼上的疯女人。女性主义作家**桑德拉·吉尔伯特**(Sandra Gilbert,1936—)和**苏珊·古巴尔**(Susan Gubar,1944—)发现,疯女人伯莎有着迷人的野性,她的脸庞是紫色的,面容浮肿,头发灰暗花白。她就像简·爱的另一个化身,只在一天中的某些时间出现,代表了一种失控的危险女性形象。她是维多利亚时代的噩梦:一个公然违抗当时所有规则、规范和期望的女人。简·里斯在《藻海无边》中重写了伯莎早年的历史,使她获得了重生。在这本书中,读者发现,伯莎是被不再对她抱有欲望的丈夫逼疯的——他更改了她的名字(她原名安托万内特),更换了她的住处(把她从牙买加带到英格兰),并囚禁了她。她的命运也是拒绝成为天使的女性的共同命运。像伊莱恩·肖沃尔特在《女性疾病》(1985)中指出的那样,那些反对维多利亚时代女性规范的人,发现自己被贴上了“离经叛道”、“有悖自然”和“疯子”的标签。

而对于更消极的反抗者来说,等待她们的则是另一种命运。

男人必须被愉悦,而愉悦男人是女人的愉悦。

——考文垂·帕特莫尔

1877年，美国医生塞拉斯·韦尔·米切尔在医学著作《脂肪与血液》中提出，患有神经衰弱（一种以极度消瘦和贫血为特征的疾病）的女性应该接受休养疗法，包括被强制卧床休息、隔离和强迫进食。他说，这一疗法“可以管教通过患病来逃避家务的女性”。

抉择时刻

对许多女性主义者来说，成为完美的家庭主妇意味着成为“家中天使”，因而充满了危险。小说家**弗吉尼亚·伍尔夫**（Virginia Woolf，1882—1941）在一篇题为《女性的职业》的演讲中写道，如果有一天你也感到内心有个声音在敦促你“要富有同情心；要温柔；会奉承”，“永远不要让任何人猜到你有自己的想法”，你可能会像伍尔夫一样，想要亲手扼杀这个声音。可是伍尔夫说，在那之后，一个女人“只需要做她自己。啊，可是‘她自己’是什么?”这才是真正的问题。

贝蒂·弗里丹

我的收入为什么比他低？

索尔 ‖ 巴布科克 ‖ 拉斯切弗 ‖ 桑德伯格 ‖ 沃尔拜 ‖ 莱姆利奇

在世界上大部分地区，几乎每一份工作、每一个行业都有女性的身影。我们有女总统、女外科医生、女核物理学家、女卡车司机和女焊接工。乍一看，女性似乎享受着平等的工作机会和平等的薪酬待遇——那么，为什么还要大呼小叫呢？因为很不幸，虽然法律试图防止职场的不平等，但以美国为例，女性在同等工作岗位上的平均收入仅为男性的54%—79%，在收入最高的人群中，女性的收入仅为男性的39%。

英国女性主义哲学家**詹妮弗·索尔**（Jennifer Saul，1968— ）在2003年发表的著作中指出，女性所面对的一大问题在于她们一直被社会视为抚养孩子的人。这无论对无子女的年轻妇女和对有子女的妇女都会造成损害。因为公司认为生育和养育子女的问题会影响妇女的自我效能和潜力。索尔指出，任何工作的遴选程序都倾向于能够最好地履行工作职责的人，如果女性被认为有（或以后可能有）其他责任，并且会干扰工作，那么她们在这个过程中将被降级。索尔说，结果便是得到高薪和高福利工作的男性比女性多得多。这个问题的核心是，女性很难从这种文化视角中解放自己，很难被视为专业人士，而只会首先被视为女性，其次被视为劳动者。（这是女性遭受“第二份工作”之苦的另一种表现方式，参见上文第105—106页。）

微软董事会成员玛丽亚·克劳表示，女性一旦得到工作，她有时会发现自己很难要求加薪。她在2014年的“计算机领域的女性”会议上向微软首席执行官萨蒂亚·纳德拉提出了这一点，并询问他，如果女性发现很难向老板提出加薪的要求，她们应该怎么做？纳德拉认为如果女性保持沉默，他并不觉得这会是个问题，因为她们“应该相信，随着年限增长，这个系统自然会给你适当地加薪”，并补充说，女性不要求加薪会积累“善报”。他的言论引起了公众的强烈抗议，因为世界各地的女性主义者认为，这种善意的性别歧视实际上阻碍了女性的发展。

提高自我价值

琳达·巴布科克（Linda Babcock）和**萨拉·拉斯切弗**（Sara Laschever）在著作《女人不问：谈判与性别差异》中指出，谈判至关重要。她们在查看美国的统计数据后发现，如果一个人对起薪不进行谈判，那么他在职业生涯中可能会损失50多万美元，而男性的年薪之所以比女性高出约4 000美元，就是因为男性会谈判。此外，不断协商加薪的女性在整个职业生涯中比从不协商加薪的女性多赚至少100万美元。

巴布科克和拉斯切弗指出了影响女性协商工资的两个主要原因。首先，许多女性在社会中对自己和成功的期望值很低，因此她们光是能得到一份工作就很感激了，以至于没有想过要和老板协商薪资。其次，在很多情况下，女性不知道自己工作的市场价

> 我是一个职业女性，我与众人一道反对令人难以忍受的条件。我也厌倦了那些泛泛而谈的演讲者。
>
> ——克拉拉·莱姆利奇

值。研究表明，男女对同一份工作的薪酬预期相差甚远；根据巴布科克和拉斯切弗的研究，在同样的工作上，女性的薪酬预期比男性低3%至32%。

各行业女性就业比例

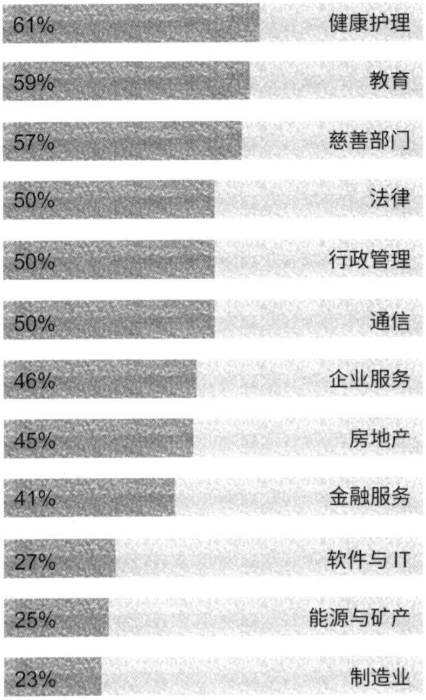

资料来源：世界经济论坛，2017

脸书首席运营官、《向前一步》作者**谢丽尔·桑德伯格**（Sheryl Sandberg，1969— ）坦言，她的丈夫和妹夫都对她本能地接受公司的起薪感到非常惊讶，并指导她通过协商获得更高的薪酬。她说根据她的经验，女性在会议上表达自己重要的意见方面往往会犹豫不决，并且总是低估自己的价值。

她表示，女性往往只在具备全部必要的技能后，才会申请升职；男性则不同，他们通常只要具备部分技能就会极其自信，就会开始申请升职。桑德伯格在2013年建立了“向前一步”基金会以及“向前一步”群组，这些女性小组每月聚会一次，学习能让她们在工作中获得平等待遇的技能，与20世纪60年代的提升觉悟小组遥相呼应。

个人事务还是政治议题？

桑德伯格的书并未受到许多女性主义者的欢迎，她们认为，这本书只讨论了中产阶级女性所面临的挑战，没考虑到全球范围内更广大的从事低薪、不稳定工作的女性。它似乎还认为，薪资问题不是需要社会采取集体行动予以解决的政治问题，而是可以由个人来解决。社会学教授帕特里夏·希尔·柯林斯指出，由于种族分工、体制化种族主义和家庭结构差异，有色女性承受了更大的压力。

家庭的需求和结构对女性实现同工同酬能力带来了长远的影响，所以社会学教授**西尔维亚·沃尔拜**（Sylvia Walby，1953—　）认为，这是两种不同类型的父权制交叉作用的结果：一种是“私人”父权制，另一种是“公共”父权制。沃尔拜在《论父权制》（1990）一书中指出，女性最初被“私人”父权制所困，在父权制家庭中获得了最初的体验。在这种环境中，她们必须依靠男性（父亲或丈夫）才能获得基本的食宿保障。第一波女性主义者通过争取政治公民权（包括选举权、受教育权和就业权），使女性进入了“公共”父权制，即有偿劳动的资本主义世界。资本主义的兴起和第一波女性主义的成功，意味着资本主义雇主欢迎女性这种新劳动力，并将之视为廉价劳动力的灵活来源。从那时起，这种观点就始终挥之不去。

重点思考题

在你的公司中，和你从事同样工作或同等价值工作的男同事，收入会比你高吗?

正如舒拉米斯·费尔斯通指出的那样（参见上文第122—123页），只要女性承担着生育和照顾孩子的主要责任，她们就会为了承担这些责任被迫寻求灵活的工作，以便有时间来生养孩子。这意味着她们的工作选择将不可避免地受到限

根据联合国统计，2018年女性平均工资为男性的77%，以目前的速度需要一百年才能追平

制，她们会被雇主视为“不可靠的人”。为了解决这个问题，许多女性主义者对家庭中的无偿工作（做家务，做饭，照顾孩子、老人、病人和残疾人）现象进行了调查。哲学教授安·弗格森认为，在理想的社会中，无论是通过家庭分工或国家补助措施，使得男性能分担这类工作，那么从事看护职业（包括教学和护理）的人的工资将因此得到提高。她指出，关于女性“天生关心别人”的刻板印象，很容易使她们额外承担家里的无偿劳动，并使她们在从事与“情感劳动”相关的工作时获得与付出并不匹配的收入。

“女性工作”价值较低

许多女性主义者已经注意到这样一个事实：护理行业和辅助性行业（清洁工、学校里负责照顾孩子吃饭的工作人员或厨房杂工等）主要被视为“女性”工作，且报酬较低。但是，一项工作如果从主要由女性完成变成由男性完成，薪酬就会急剧上涨，计算机编程领域便是如此。《全球性别差距报告》（2017）指出，只要女性开始大量进入某个行业，那么“该行业与工资相关的福利就会减少”。这意味着，尽管一些国家已立法确保“同工同酬”，然而当女性占工人的大多数时，工作本身似乎就贬值了。

自女性进入资本主义职场以来，就一直存在“女性工作”价值较低的观点，而呼吁人们关注这种不平等的往往会是社会主义女性主义者。1909年，移居美国的俄国人**克拉拉·莱姆利奇**（Clara Lemlich，1886—1982）号召两万多名制衣女工举行罢工，以争取提高工资。她还指出，女工工作时间过长，工作环境过度拥挤，经常遭受监工侮辱。尽管她们取得了成功，但有一家工厂（三角女式衬衣厂）拒绝执行罢工者和工会倡导的改革。两年后，该工厂发生火灾，致使146名被锁在厂内的工人丧生。“三角女式衬衣厂”多年来一直都是“血汗工厂”的代名词，今天的女性还在与1909年莱姆利奇所处的恶劣工作环境做斗争。2012年，位于巴基斯坦的卡拉奇和拉合尔的工厂发生火灾，造成数百名工人（主要是女工）死亡。这些工厂人满为患，却没有安全或消防设备，出口常常被锁或堵塞，窗户则被封死。

你的工资真的比他低吗？

哲学家克里斯蒂娜·霍夫·萨默斯认为，关于男女工资差距的看法是假想出来的。她写下了一篇题为《女性主义者所揭露的工资差距神话》的文章，声称“23%的男女工资差距仅仅是所有全职男女平均收入的差距”，且“没考虑职业、职位、教育、工作年限或每周工作时间的差异”。结果，女性主义者不仅没有承认所

> 她整理床铺，购买杂货……开车接送儿女，晚上躺在丈夫身旁，她甚至不敢无声地质问自己：“这难道就是生活的全部？”
>
> ——贝蒂·弗里丹

谓工资差距只是神话，反而集体指向她罗列的问题清单，并一致认为问题就出在这份清单上。男女工资差距不仅仅是一个精英群体试图打破“玻璃天花板”或无法“向前一步”的问题，女性恰恰因为无偿的“第二份工作”，被挡在各种职业和岗位之外，被剥夺了教育和培训，在获得全职工作方面处处受限。而对“女性工作”的低估又将女性困在性别角色中，继续眼看着当今世界每个国家的女性收入都远低于男性。

抉择时刻

如果你觉得自己的工资低于从事相同工作或同等价值工作的男性，你可以向雇主（或人力资源部门）咨询一下，看看你们两人不同的薪酬结构是否有合理的原因。如果情况并非如此，而且你受到了不公平的歧视，你可以发起非正式的投诉或正式的申诉。如未能取得公正的结果，你可考虑向劳资仲裁机构提出申诉或要求调解。

我太心慈手软，做不了领导？

坎特 ‖ 伊格利

优秀领导力的概念往往以传统观念为基础，其中尤以领军作战和征服他者（其他国家或公司）的能力为代表。所以，或许并不令人意外的是，约公元前5世纪中国军事家孙武所写的《孙子兵法》，至今仍是有抱负的领导者必读书目。不过，这种传统视角存在很多问题，尤其是它完全贬低了“女性”特征，让雄心勃勃的女性陷入了一种奇怪的两难境地。太友善：你不是一个领导者。不友善：你不是一个正常的女人。无论你友善与否，“我们都不想雇你做领导”。

2013年，盖洛普进行了一项工作和教育方面的调查，结果显示近年来社会在领导层方面的变化不大：那些对（职场、政坛或其他任何领域）领导层有性别偏好的人大多更愿意让男性而不是女性来担任领导。自1953年盖洛普首次提出这个问题以来，这种状况一直没有改变。不过，好消息是：有些事情正在改变。首先，与年龄较大的人相比，三十五岁以下的人比较不在意领导的性别。其次，当男性和女性有过在女领导手下工作的实际经验时，他们的偏见就会消失，对特定领导性别的偏好也会消失。

符号女性

总的来说，事情正在朝着正确的方向发展。然而，就目前的情况来看，你的友善可能会带来问题。这是因为，在世界各地的大型组织中，无论是在政治、商业，甚至宗教领域，担任高层职位的女性都非常少。1977年，美国教授**罗莎贝斯·莫斯·坎特**（Rosabeth Moss Kanter，1943—　）出版了一本开创性的著作，名为《公司里的男女》。该书考察了《财富》杂志评选的500强企业中女性高管的经历，指出在任何一家公司或机构的高层职位中，女性所占比例都不足15%。尽管坎特的书是在四十年前出版的，但她的研究结果时至今日仍然适用于很多组织，并且与我们认清当前的形势休戚相关。

罕见的高层女性在组织内部通常被视为“符号”成员，她们因此承受着特殊的压力（如果她们与主流种族或信仰不同，那么额外的“符号”价值会进一步加剧压力）。首先，坎特发现符号女性会有一种受到高度关注的感觉，但这种感觉并无裨益，反而会导致工作压力增加，让她们觉得有必要抑制任何情绪表达（因为这种情绪会被周围的人夸大）。其次，她们会在社交上被其他员工孤立：她们与（在数量上占主导地位的）男性之间的差异会被夸大，导致她们遭到排斥，同时也令她们与公司里的其他女性关系疏远。再次，符号女性认识到，她们容易受到性别偏见和期望的伤害，这对她们不利。坎特对这些问题的详细研究令她得出了四种类别或角色的女性，也许可以回答你心中的疑问。

带来和平的领导要比发动战争的领导更为勇敢。

——阿斯玛·贾汉吉尔

宠物、母亲、狐狸精还是铁娘子?

坎特发现，当一个组织中仅有少数女性担任管理角色时，她们会被不习惯与女领导共事的同事和主管划分为四种刻板印象：宠物、母亲、狐狸精和铁娘子。前三种类型是男人“可以接受的”，因为她们本质上是无能的。最后一种类型指的是有能力的女性，她们被看作另类和怪人，因为她们既“不友善”又缺少“女性”特征（因此不完全值得信任）。在坎特写书的时候，当时英国历史上唯一的女首相玛格丽特·撒切尔

重点思考题

有抱负的女性领导人能否被当作一个正常的人来对待，而不是被迫陷入某种刻板印象?

当女性升任更高级别的职位时，她们周围的男性往往会给予女性更能让他们接受的刻板印象，因而不再显得像是有威胁的存在

就被公开称为“铁娘子”，这个称号在2005年又转给了竞选德国总理的德国女性安格拉·默克尔。英国《每日电讯报》详细报道了“德国铁娘子”的怪异之处：她在党内被看作一个怪人，一个再婚、无子女的新教徒女性，却领导着一个由男性和天主教徒为主的联盟。（到2017年，这位古怪的“女性”已十二次荣登《福布斯》全球最具影响力的100位女性排行榜，并连续七年蝉联榜首。）2009年，希拉里·克林顿首次竞选美国总统时也被称为“铁娘子”，并因穿着长裤套装和表现得“缺乏温情”而受到抨击。

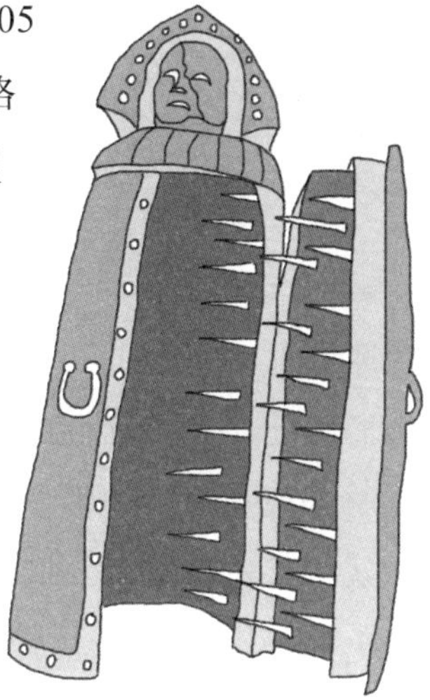
“铁娘子”一词的灵感来源

这些女性注重成果和效率，却被认为不够注重关系性品质，因此不适合男性权力结构。她们不像女人那样“合群”，似乎“太有权威”，“不屈不挠”，“仿佛由铁铸造，而不是血肉之躯”。她们被视为过分男性化（“有种”）和“过于有男人气概”（这通常是领导者的优点，若领导者是女性则另当别论）。这类女性时常被贴以传统上用来形容蛇发女妖美杜莎或印度女战神迦梨的词汇：她们是“可怕的”、“刻薄的”、“强硬的”、“专横的婊子”或“恃强凌弱的荡妇”。

如果人们认为只有这样的女人才能胜任高层领导工作，那么女性回避晋升也就可以理解了。当然，如果雄心勃勃的女性被迫采用“友善”刻板印象，她也可能为你所不喜。宠物型女性指的

> 不管我是不是有意的，我都要挑战对于女性的预设。
>
> ——希拉里·克林顿

是因女性比例过低而象征性地获批进入公司董事会的女性。由于她们的任命是象征性的，就好像吉祥物一样，因而她们对男性的威胁等级很低。她们会被当作一种消遣，虽然招人喜欢，却通常被认为是不称职的，而且（据她们身边男人的说法）也不是董事会上的严肃参与者。宠物型女性会被视为天真或孩子气的人，因而受到取笑和嘲弄。她们被男人形容为“风趣的”、“爱笑的”、“可爱的”和“输得起的”（因而本质上是“女孩子气的”）。她们可能是领导面前的红人，被当作“可爱的宠物”来对待，可是当她们不再“招人喜欢”时，则很容易被人搁置一旁。

如果人们只注意女性领导富有同情心和善于照顾人的一面，因而向她们寻求安慰和同情，她们就很容易被划分为符号女性中的母亲角色。这种定位抵消了她们可能对竞争者构成的威胁；她们甚至在性方面都不具有威胁性。当她们真要施加权威时，她们周围的人都会把她们当作傲慢的女教师，既无聊又专横，本质上却很笨拙。母亲/女教师类型的女性领导太像家长，缺乏幽默感，太过于友善而不适合当领导。因此，对于她的刻板印象是：虽然有一定能力，但仍然不能担任关键的领导角色。

最后，如果有女性身居高位，善于利用自己良好的人际关系技巧，在公司内部与人结盟，她们可能会被看作狐狸精而遭人唾弃。这里暗含的意思是她们“和领导上床”（或试图如此）；她们是“以男人为早餐”的“妖妇”。这种刻板印象使人们得以利用女性的吸引力来贬低她们的能力。

抉择时刻

与往常一样，这里的主要问题在于：一方面，女性在文化上被要求具有“友善”的品质，而社会期望女性表现出“合群”特质，比如富有同情心和敏感性。另一方面，领导者被期望表现出支配欲、行动力和竞争（“主观能动的”行为）等传统上与男子气概有关的行为。因此，如果你符合文化上盛行的女性观念，你就会被认为太友善，不适合做领导。而如果你表现出主观能动的行为，别人又会认为你“太有种”，但缺乏社交能力。不过，管理学和组织学教授**爱丽丝·伊格利**（Alice Eagly，1938—　）已经证明：担任高层职位的女性越多，人们对女性领导的体验越多，就越能消除刻板印象，并在总体上增加对女性领导人的信心。所以，就算你是个友善的人，你也有可能登上顶峰（虽然可能得等上几年）。

当我要求涨工资时，领导却说工资算法太复杂，怕我被绕晕了，他这是在想什么？

切斯勒 ‖ 默里 ‖ 德古热 ‖ 沃斯通克拉夫特 ‖ 优素福扎伊

你已经触及了一个年代久远、被男人用来“让女人安分守己”的观念：男人是理性的，女人是感性的且不会理性思考。其源头至少可以追溯到亚里士多德，他在《动物志》中写道，女性的“自然生活”应该专注于养育孩子和保护“其自然统治者”的财产，原因在于她“更冲动……更爱嫉妒，更爱发牢骚，更爱责骂和殴打”。

亚里士多德的这句话中有很多值得女性主义者反驳的地方，但与你的领导的说法关系最密切的一点是，他认为女性缺乏理性。你的领导暗示了这一点，然后在这个观念的基础上，进一步假设你不懂数学。这种想法似乎从未失去吸引力，如今在任何国家都不鲜见这样的文章标题：《为什么男生更擅长考试》。只要你费心读完标题下面的全文，你会发现，实际内容往往出人意表。2013年，英国《每日电讯报》发表了一篇以此为标题的文章，写到牛津大学一名招生官员对此问题的解释——这是因为“男生通常会凭直觉行事，而女生们会尝试着分析”。虽然我们很想重复最后那句话，但损害已经造成；耸人听闻的头条新闻如病毒一般传播开来，女孩们不出所料地发现自己又受到屈尊俯就的对待。

这种认为女性缺乏理性的观点是危险的。因为认为女孩和女人“有点情绪化”，以及认为女人总是离“疯狂”只有一步之遥，构成了一条思想光谱的两个极端。到1859年，欧洲医生宣称有四分之一的女性患有歇斯底里症，由此导致女性被大规模监禁于精

> 对于我的兄弟来说，未来很容易想象，因为他们可以随心所欲地生活。
>
> ——马拉拉·优素福扎伊

神病院。**菲利斯·切斯勒**（Phyllis Chesler，1940— ）在《女人与疯癫》（1972）中指出，事实证明，当男人想把妻子或女儿从日常生活中赶出去时，这一说法成了他们有利的“借口”。虽然如今情况已大为改善，但是谷歌上仍然可以看到很多讨论“为什么女人是疯子”的页面，好像女人的疯狂毋庸置疑一般。

这种观点从何而来？

目前这一轮关于女性不理性的观点似乎可以追溯到启蒙运动（这场发生于18世纪的哲学运动也被称为理性时代）。当时，欧洲人第一次开始强烈质疑教会（尤其是天主教会）的权威，转而求助于科学来寻求答案。让-雅克·卢梭是这场运动的主要支持者之一，他以对法国大革命的深远影响而著称。1762年，他发表了《社会契约论》，书的开篇写道：“人生而自由，却无往不在枷锁之中。”这句话唤醒了所有的人，但是他所谓的“人”却只指“男人”，而不包括“女人”。这一点很快就得到应证了，因为他在同年创作的另一本书《爱弥儿》中，特别提到了束缚女性的必要性：“无论如何都要把重担强加给女孩，哪怕总是需要找各种理由……因为她们必须从小就受到挫败。”

卢梭通过阐释女性“天生”的样子来为自己的上述观点辩护，而没有意识到他的总结会形成怎样的社会议程。“男人和女人是不平等的，”他说，“一方要主动而有力，另一方要被动而软弱。女人的目的是取悦男人，她们所受的教育必须完全为了带给［男人］快乐，并使自己对他们有用。”不幸的是，当时有能力公开反驳这种说法的女性并不多，只有极少数几个女人例外。例如，美国的**朱迪丝·萨金特·默里**（Judith Sargent Murray，1751—1820）、法国的**奥兰普·德古热**和英国的**玛丽·沃斯通克拉夫特**。她们三个都是自学成才的女性，其中奥兰普·德古热指出：“在这个最开明的世纪，命运竟让我完全置身于黑暗之中。”沃斯通克拉夫特拒绝接受“命运”阻碍女性发展的说法。如果启蒙运动时期的男性知识分子注意到，女性无法获得与男性一样的理性能力是因为缺乏教育，难道他们的解决方案不该是让她们接受教育吗？可惜，这一点不出所料地遭到了男性知识分子的激烈反对。

或许有些奇怪的是，卢梭其实是沃斯通克拉夫特的密友。沃斯通克拉夫特以其人之道还治其人之身，对卢梭的厌女症进行了反驳。她说：“若不是因为他深爱着男性，否则以他笔下男人的诸多弱点，他都绝然无法追捧这一简陋的人物形象。”女性的目标将不仅远远超出男性所允许的范围，也将远远超出女性自己迄今为止认为必要的范围。她说，让女性成为“头脑空虚的玩物”，是符合男性利益的，因为这让他们几乎能够控制一切。

马拉拉——教育的代价

教育是女性走向独立最重要的驱动力，这种思想一旦确立，那么在将教育视作公共利益的国家中，情况就会发生较为迅速的改变。

不过，整体进展依然缓慢。女童和妇女在教育方面仍然受到广泛歧视，世界上三分之二的成年文盲是女性。由于怀孕、贫困、童婚、性别歧视、校园暴力和性骚扰（学校中或者往返学校途中）等原因，女童都可能无法上学。2009年，在BBC的乌尔都语节目中，十一岁的巴基斯坦女学生**马拉拉·优素福扎伊**（Malala Yousafzai，1997—　）发表了她的观点，认为虽然塔利班在一年前就颁布了禁止所有女性接受教育的法令，但是对于像她这样的女孩来说，上学非常重要。三年后的一天，她回家所乘的校车被塔利班武装分子拦截，他们发现了她，开枪击中她的头部。她被送往白沙瓦的一家军事医院，在那里接受了一个国际专家小组的治疗，幸而存活了下来。当时，一名女性儿科重症监护专家参与了对马拉拉的救治。尽管她起初也担心会威胁到自己的生命安全，但最后还是决定置个人安危于度外。她说："这个女孩因为想接受教育而遭枪击，而我来到巴基斯坦是因为我是个接受过教育的女人，所以我不能拒绝救治她。"马拉拉康复之后，于2014年获得了诺贝尔和平奖。她在遭枪击五年之后，来到了率先为女性提供学习机会（1879）的牛津大学玛格丽特夫人学堂学习。

重点思考题

如果我们遵奉科学和理性，又假设它们是男人的专属领域，获益者会是谁呢？

抉择时刻

知识就是力量。也许这解释了为什么几个世纪以来，世界各地的男人都在试图阻止女性接受教育。如果女性真的接受了教育怎么办？那就假装她们没有接受教育，假装她们弄不懂数学。

摒弃那些美妙的女性词语吧，
男人纡尊降贵地使用它们，
是为了软化我们对他们的
奴性倚仗。

玛丽·沃斯通克拉夫特

上司坚持要我穿高跟鞋上班，这合法吗？

索普 ‖ 列维

2015年12月，在伦敦的一家金融中心，临时接待员**尼古拉·索普**（Nicola Thorp）被上司告知，她不可以穿平底鞋上班，必须穿鞋跟高5到10厘米的鞋子，这让她大吃一惊。当索普拒绝照做时，她没领到一分钱就被打发回家了。她因此以遭受歧视为由，提交了一份申诉书，迫使英国政府就企业是否可以强制女性穿高跟鞋做出裁决。答复是：可以。

无论在英国的互联网上，还是在政府委员会办公室里，索普案都引起了极大的关注。成千上万的女性都谈道，她们被要求“把头发染成金色”、“穿暴露的衣服”或“不停地补妆”。正式调查得出的结论是，该公司违反了法律。不过，政府在回应中表示，尽管调查发现公司行为“似乎存在不可接受并可能违法的性别歧视……但2010年的《平等法》已然涵盖了这一问题的解决办法”。该法案规定，雇主事实上有权明确规定男女着装规范，他们可以为男女员工指定服装（甚至包括高跟鞋）。在着装规定方面，雇主唯一不能做的是，让某一性别得到优雅或“苛刻的对待”。

我们很难在法庭上看到律师成功援引这一条例，只有2016年的一场官司例外。当时，英国航空公司机组女乘务员被迫在寒冷天气下穿短裙，而根据英国航空公司的着装规定，女乘务员不允许穿长裤，除非有宗教或医疗方面的特殊原因才能豁免，于是英国团结工会代表她们提出申诉，要求允许她们有穿长裤的自由。一名工会发言人在赢得诉讼后指出，女乘务员“终于不需要在寒冷、潮湿和多雪的冬季瑟瑟发抖，并在有疟疾或寨卡病毒感染风险的目的地也可以获得长裤的保护”。

诉诸法庭

法学教授**詹妮弗·L. 列维**（Jennifer L. Levi）在《耶鲁法律与女性主义期刊》上撰文指出，女性总是很难在法庭上打击着装规定方面的性别剥削，原因有二。首先，法院可能承认个人有受到伤害的可能性，但是要以性别歧视为由推翻某个着装规定，则需要群体受伤害的证明；其次，法院可能会彻底拒绝承认某些社会上“正常”或可接受的事物（如高跟鞋）可能有害，从而立即驳回申诉。在日常生活中，女性可以自由选择穿高跟鞋，不是吗？那么高跟鞋的着装规范有什么问题？

列维指出，尽管法院倾向于把大多数基于性别的区别对待推定为非法，但它对着装规范的看法却恰恰相反。诉讼当事人（如果她有钱起诉的话）得自行证明，着装规范不仅男女有别，对女性有害，而且对女性的着装要求比对男性的着装要求更烦琐。

着装规范有什么问题？

某些员工也认同公司和政府的观点——着装规范的存在，是为了指导员工选择合适的工作着装。然而，由于这些“着装指南”可能完全是强迫性的，女性可能会被迫穿着很不舒服的衣物。据《纽约时报》（2017年1月25日）报道，一名零售售货员表示，在

> 即便我的演讲主题是核能，报纸也会分析我为什么不佩戴耳环。
> ——帕特·施罗德

12月份，“因为预计届时男性购物者的比例会增高”，她的公司鼓励女员工穿更短的短裙，多解开一个衬衣扣子。这让我们想到了社会眼光的问题：女性穿着符合社会理想的“女性化”服装，会让谁大饱眼福？一个女人穿着从头裹到脚的罩袍，另一个女人穿着比基尼，她们到底是在回应谁的目光？“正确的着装方式”这个概念到底从何而来？

荡妇羞辱，罗马风格

事实证明，古罗马人得为很多事情负责。直到公元前3世纪左右，男女都穿宽松的“托加”袍。然而在公元前215年，罗马颁布《奥皮亚法》，禁止女性拥有超过半盎司的黄金（历史学家认为这相当于征用女性的财富），并规定了她们的着装规范。已婚妇女必须穿一种名叫“斯托拉”的长及脚踝的束腰外衣（纽约港的自由女神像穿的就是这种衣服），而在罗马时代妓女和奴隶只能穿托加袍，以便人们一眼能看出一个女人是否“体面”。斯托拉长袍象征着已婚女性的美德（“好”女人），而托加袍可能是有史以来第一种“荡妇”的服饰形式，这些着装规范的目的是区分不同男人的财产，防止男人尴尬而意外地搭讪他人之妻。此外，对男人来说，性侵穿斯托拉的女人比性侵穿托加的女人罪行更严重。这个古老的规定引出了一个从那时起就存在的神话：女人的着装方式可以告诉你，她是否“有机可乘”，是否“准备好了”。

重点思考题

着装规范是一种将“女性气质”强加于女性的方式吗？

历史学家李维说，女性对这种新规定并不满意。在公元前195年，她

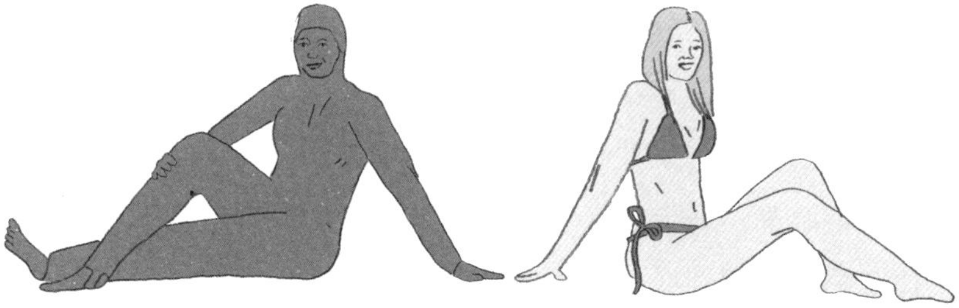

着装规范通常要求女性穿着极端的服饰，要么完全遮住身体，要么几乎衣不蔽体

们“包围了保民官大院”，要求废除这项法律。古希腊也十分关注女性的着装规范。许多城邦任命一帮男性执法官为“女性管制员”，专门检查女性着装，并推行着装规范。他们可以没收衣服，处以罚款，或者把女人的衣服从身上扯下来，这与法国南部警察在2017年所做的事情别无二致——那时，法国有20个城镇出台了禁止穿戴布基尼（全身覆盖泳衣）和头巾的法令。接着，推特上出现的照片显示，武装警察在尼斯海滩包围了一名女性，迫使她当着数百名陌生人的面脱下泳衣。旁观者用“法国怎么了”这个推文话题来质疑这种行动的有效性、必要性和合理性。

男性曾在历史上通过法律，让女性更多地遮掩身体，也让她们更少地遮掩身体。“布基尼”这一事物巧妙地概括了男性对女性着装的这两种截然相反的要求。穆斯林女性主义团体的领导人哈娜娜·卡里米指出，法国的世俗主义与其他地方的宗教有着同样的教条主义力量，“在控制女性身体方面，有着完全相同的逻辑”。从古罗马到当代法国的漫长历史时期里，出现了无数次规范女性服饰的尝试，不是要让女性更多地遮掩身体（理由常常是，男人看到女人露出较多的肌肤会无法控制自己的欲望），就是要让女性更多地暴露身体（比如可以增加零售额）。这种忽左忽右的变化，主要取决于男人对女人的利用方式。一些男人希望“保护”妻子

> 我拒绝为要求女性化妆、穿高跟鞋和裙子的公司工作。这都2017年了，这是不可接受的。
>
> ——尼古拉·索普

在社区免遭其他男人的凝视，因而要制定着装规则和宵禁，限制女性暴露肌肤；另一些男人想从女性的身体展示中获利，因而要让女性在汽车旁或日历上穿上比基尼，或者套上兔女郎装，去说服客户花更多的钱购买香槟。如果有人质疑，他们会把目光投向天空，一脸无辜地回答："那有什么不对吗？"花花公子品牌的创始人休·赫夫纳实际上称自己为女性主义者，他似乎并没有意识到，其整个品牌都是围绕男性的快乐而建立起来的。

抉择时刻

研究表明，穿着更"有男性气质"的服装（比如西装）去参加面试的女性，会被认为更适合所竞聘的职位。可悲的是，它同时也让你被铁娘子的刻板印象所吞噬。2016年美国总统大选期间，希拉里·克林顿的裤装曾多次被提及。而科罗拉多州首位当选国会议员（1972）的女性帕特·施罗德在2017年接受《喧嚣》杂志采访时说："即便我的演讲主题是核能，报纸也会分析我为什么不佩戴耳环。"2016年11月，众多报纸对英国首相特蕾莎·梅的皮裤（售价1 000英镑）发表了极端批评，却没有说起美国总统唐纳德·特朗普昂贵得多的布里奥尼西装（约合6 000美元）。看来，你的上司似乎可以要求你穿什么，但你也可能有表示反对的理由。就像女性所面对的许多其他与工作相关的问题一样，在实践中，这往往是一个要追求公平和体面，还是要保住工作的问题。

为了拼职场，我必须跟男同事一起出去喝酒吗？

哈奇 ‖ 威勒 ‖ 麦克米伦 ‖ 加特纳 ‖ 奎因 ‖ 伯达尔 ‖ 沃特斯

这听起来是一个无伤大雅的问题，但事实上，无论你去不去喝酒，你都要倒霉。更重要的是，你可能连决定权都没有。2017年，媒体广泛报道称，美国副总统迈克·彭斯在是否跟同事出去喝酒的问题上有他自己的准则：绝不单独和妻子以外的其他女性一起吃饭。没有妻子的陪伴，绝不参加任何与喝酒有关的活动。他声称，这是抵御性诱惑的聪明方法。其他男性曾因女同事“太有诱惑力”而将其解雇。所以这杯酒先别急着喝。

犹他州参议员托德·维勒表示，如果我们假装迈克·彭斯是唯一有这种想法的人，那就“不诚实”。他承认自己也有同样的准则，并且说：“有什么比尊重妻子的男人更棒的呢？”这句话的意思是，女性应该感激男性对她们这么好，尽管他接着又说：“我可能只是有点守旧。”《纽约时报》在2017年进行的一项调查显示，40%的美国男性认为与女同事一起喝酒或吃饭是不合适的。有趣的是，更多的女性持同样的态度，原因却完全不同。

男性视角

似乎很多男性都不相信，自己可以端着酒杯单独与女性相处而不失控。《盐湖城论坛报》对犹他州居民进行了同样的调查，并且收到了男性调查对象的类似评论：“我爱我的妻子，我永远不会出轨。不过，我认为每个人都需要承认自己有出轨的可能性。”更重要的是，所谓女性带给男性的诱惑，就足以使女性遭到解雇。2013年，在艾奥瓦州的道奇堡，有个牙科护士梅丽莎·纳尔逊被解雇，其原因就是她的上司发现，纳尔逊给他带来了无法抗拒的吸引力，以致威胁到他的婚姻。虽然，牙医跟护士之间除了职业联系外，并没有其他任何来往。纳尔逊护士在牙医“对她产生感情”之前，已经在这一行工作了十年，她对突然间失去自己热爱的工作感到很苦恼，因此以性别歧视的名义将牙医告上了法庭。尽管她的证词并未遭到质疑，法院仍然驳回了她的诉讼请求，认为她的工作被终止是“为了维护牙医婚姻的最大利益”（这样便合情合理），而不是因为她的性别（这样会违反法律）。

我们很难理解性别为何与这个案例无关，正如纳尔逊的丈夫在牙医向他道歉时说：“他为什么会有这样的想法？他为什么把她看作一个客体？”我们又回到了职场刻板印象的话题（参见上文第148页）。我们曾讨论过，无论本身的专业水平如何，女性都可能会被套上狐狸精的刻板印象。在“我无法抗拒”和“让人无法抗拒是你的错”之间存在着一片模糊的灰色地带，往往以女性失业或男性拒绝与女同事独处告终（就像迈克·彭斯说的那样）。《琼斯妈妈》杂志的编辑克拉拉·杰弗瑞认为：“如果每一个彭斯都无法和女性单独吃饭，女性怎么可能成为幕僚、律师、竞选策划人

> 这是一种清教徒式的两性分离思想，它让我觉得担忧，甚至有些不安。这意味着人们不能像两个个体那样互相产生关联。
>
> ——克劳迪娅·盖斯特

"男性气概霸权"意味着，如果"爷们中的爷们"处于性等级制度的顶层，那么所有女性都处于底层

或……"女性领导人研究院院长**崔西·哈奇**(Trish Hatch)指出，日常交际对职场晋升至关重要。"这些场合是你发展人际关系的机会，"她说，"当你和别人交谈时，如果他们说起：'嘿，你认识谁能到这个项目来帮忙，或者雇谁比较合适吗?'你肯定会记住你交际过的这个人。"人脉是升职的重要工具，但如果男性在公司活动中坚持拒绝与妻子以外的女性交谈，女性获得职业提升的机会就会很渺茫。

考虑到管理岗位上的男性人数远远超过女性，这就会给女性带来真正的问题。员工本可以碰巧和领导一起吃顿午餐，或者为了完成一项工作一起熬到深夜，并在这些时段展示自己的能力，表明自己已经为升职做好了准备。可是，如果男性管理人员拒绝与女下属单独交流，那么女性就不可能以这种方式"脱颖而出"，因而也不太可能被提拔。另一方面，如果女性在有男性的团队中担任管理角色，缺少男女单独互动(男人与男人谈话显然不存在问题)，这也会妨碍她有效地完成工作。事实上，如果男女之间的每一次互动都被看作性的互动，那么很多日常工作就完全不可能完成。所以说真的(猜猜这会往什么方向发展)……如果根本不雇用女性，事情就会变得容易多了。

女性视角

当女性因为具有“不可抗拒的魅力”而被指责、忽视或解雇时，她们对于自身处境通常会有完全不同的看法。如果你想跟同事一起出去喝酒，以此建立人际关系，你现在就会琢磨，男同事是否与你想得一样。他们可能会认为，这种互动存在性暗示，当然他们也可能不会这么认为。令人恼火的是，即使他们不认为会有性行为，他们也可能会把你的行为解读为具有潜在威胁，并以一种性贬低的方式“让你回到自己本来的位置上去”。**罗伯·威勒**（Rob Willer，1977—　）等研究人员将此归因于“男性气质的过度补偿”，即由于社会变化（如出现女性管理者）或因为有人质疑男性“到底”有多阳刚，男性感到他们的男子气概受到威胁。男性为了应对威胁，开始表现出一种极度的阳刚之气：他们不仅以“男性”的方式回应，而且以一种过于男性气概的方式回应。

重点思考题

如果你和同事一起喝酒，会不会授人以柄，允许别人评价“你是什么样的女人”？

例如，一项有关男女之间分享网络图片的实验表明，男性发给自称女性主义者的女性的色情和冒犯图片要远远多于他们发给自称传统女性者的色情和冒犯图片。研究还发现，在职场（或其他地方）“过于敢言”的女性会被视为对性别等级制度的威胁，这意味着男性感到他们的“高层”地位岌岌可危。在这种情况下，最常见的诋毁形式便是各类性骚扰［根据**罗斯·麦克米伦**（Ross

MacMillan）和**罗斯玛丽·加特纳**（Rosemary Gartner）1968年的研究，失业丈夫的在职妻子面临着更大的家暴风险]。也许令人惊讶的是，这意味着女性管理人员和主管（由于她们对等级制度最具挑战性）比其他职业女性更容易遭受性骚扰。女性甚至在高层也很脆弱，因为性骚扰使女性沦为性客体，社会学教授**贝丝·奎因**（Beth Quinn）对此表示："它可能会击垮女性的组织能力。"

性骚扰

从事领导力研究的**詹妮弗·伯达尔**（Jennifer Berdahl）教授建议我们使用"基于性的骚扰行为"，来讨论在性的基础上贬低或羞辱个人的行为，因为这种行为并不意在"性"，而是意在控制。她发现，那些被认为具有典型男性行为方式特征的女性（自信、强势和独立的女性）比其他女性更容易受到性骚扰。因此，当男性对女性的身体或性幻想评头论足时，当他们向其他男性发出"快看美女"的口头或身体信息时，他们实际上是在强化男性的主导地位，故意把女性贬低成"为男人的性目的服务的工具"。所以，女性认为，职场上的性议论具有胁迫性，而不像男性说的那样：

> 性骚扰可以作为针对掌权女性的一种均衡武器，其动机更多是出于控制和支配，而非性欲。
>
> ——希瑟·麦克劳克林、克里斯托弗·乌根与艾米·布莱克斯通

“这是奉承！真的！她怎么了？”这样一来，男性既可以骚扰女性，又可以否认其潜在的危害。

抉择时刻

看来无论你怎么选择，你都可能陷入尴尬的境地。如果跟你交谈的男人害怕自己在女人面前控制不住自己，那就准备好离开他，或者准备好失业；如果你很开心地成为“男孩中的一员”，那就准备好在接下来的日子里接受羞辱，并且“回到自己本来的位置上去”。不要太有吸引力（“令人无法抗拒”）、太聪明（“攫取权力”）、太关心别人（“婆婆妈妈”）或太愤世嫉俗（“冷酷的婊子”）。或许你可以采取美国国会女议员**玛克辛·沃特斯**（Maxine Waters，1938— ）的立场。她在众议院的发言被福克斯新闻的比尔·奥雷利置若罔闻。他说，他被她的头发分散了注意力，“一个字都没听见”。那么沃特斯的意见是什么呢？“我想对世界各地的女人说：不要让这些右翼政客，这些无耻之徒来吓唬你。做你自己。做你该做的。让我们继续讨论这个国家的真正问题。”

女性画像非要裸体才能被收入大都会艺术博物馆?

大猩猩女郎‖理查森‖诺克林‖休斯

1985年，一群职业女性艺术家发起了一场针对纽约现代艺术博物馆的抗议活动。当时，这座博物馆正在举办一场号称是对当代艺术“最权威”的回顾展览，但在参展的169位艺术家中，只有13位是女性。与普通女性艺术家的作品一样，这次抗议活动受到了冷遇。因此，时间流转到1989年，活动人士决定用女性的裸体和匿名性来证明自己的观点。

大猩猩女郎（Guerrilla Girls）以让·奥古斯特·多米尼克·安格尔享誉艺术世界的裸女画像《大宫女》（1814）为海报中心，用大猩猩的头代替了画中女子的头，并随之提出了一个问题：“女性画像非要裸体才能被收入大都会艺术博物馆吗？”这些戴着大猩猩的面具出现在公共场合的抗议者把人们的注意力转向博物馆的常设展品。他们发现：“现代”艺术馆里85%的裸体画像都是女性，而女艺术家的作品却不到5%。

她们还发现了更多的证据，表明女性在历史上更容易成为性的客体，而不是在世界上靠自身主观能动运作的主体。大猩猩女郎密切地关注着这些艺术馆，然而二十三年过后，她们发现情况并没有好转：2012年，现代艺术区76%的裸体画画的是女性，但只有4%的女艺术家作品。“裸体男性变多了，而女艺术家却变少了，”她们评论道，“这是进步了吗？我想我们还不能把面具收起来。”

破坏艺术品

如果说大猩猩女郎对著名裸女画像的破坏还比较克制的话，那么**玛丽·理查森**（Mary Richardson，1882—1961）则显得毫不留情。1914年，伦敦国家美术馆展出了西班牙画家迭戈·委拉斯盖兹在1647年创作的名画《镜前的维纳斯》，结果画上维纳斯裸露的身体被玛丽·理查森用刀划破了好几处。作为一位英国妇女参政论者，她那时已经被监禁了十次，并且在绝食期间遭受了强制喂食。她坚决反对《泰晤士报》对《镜前的维纳斯》的评论："[这幅画]既不诉诸理想化，也不诉诸激情，而是绝对自然，绝对纯洁。"在她看来，这幅画上的女性形象，是男人基于男性对女性外表和行为的想象塑造出来的。它被认为比真正的女人更有价值，这简直是奇耻大辱。所以，理查森对着这幅画划了好几刀，并且说："你可以再画一幅画，但你画不出生命力。"

理查森和大猩猩女郎都认为，如何说服"世人认真对待女性，给予她们与男性同样的尊重"，这是一个难题。人们经常反复问道："为什么没有伟大的女艺术家？"1988年，艺术史学家**琳达·诺克林**（Linda Nochlin，1931—2017）就以此为题发表了一篇论文。她认为，女性在艺术领域受到许多体制的束缚，她们能

吴健雄
核物理学家

埃丝特·莱德伯格
微生物学家

乔斯林·贝尔·伯内尔
天体物理学家

创作出当前数量的作品已然是奇迹，而要想让作品进入博物馆展出则比登天还难。在获得教育、(官方或个人的)赞助、公共空间、市场或社交网络资源方面，男女的机会不可同日而语。在近些年之前，所有的艺术界重要人物，如策展人、博物馆馆长、评论家、赞助人和研究者都是男性。商业艺术行业是通过满足富人的欲望而发展起来的，在社会财富分配不均的情况下，富人基本上都是男性。所以，决定一个艺术品是否有价值和是否“值得收藏”的，也是男性。显然，这是一个完全排斥女性的体系。诺克林建议，我们要把艺术家的事业看作制度结构的产物，而不是“天生伟大”的表现。

鉴于在教育、培训和市场进入渠道等方面存在男女差别，诺克林还建议，我们不应该用统计女性业绩的方式，来证明女性有能力成就大事。然而，尽管女性的机会少得惊人，历史上仍然出现了很多伟大的女艺术家，并且始终延续了下来。

承认女性的贡献

在21世纪，各个领域的历史学家都试图重新发掘女性的成就，并将其载入史册。历史学家**贝蒂尼·休斯**(Bettany Hughes，1967—)指出，女性始终占人口的50%左右，但只有0.5%左右的历史在书写女性。她解释说，女性在公元前40000年到约公元前5000年的考古记录中存在感很强：她们拥有财产权，可以占有土地，可以担任高级祭司，可以在当时复杂的部落中从事高层次的活动。但是，公元前5000年左右出现了一个“巨变”——衡量成功的标准变了。此前，衡量一个文明成功的标准是它的连续性，此后却变成了它的扩张性。扩张需要的是军事实力和体力，《伊利亚特》、《奥德赛》和《吉尔伽美什》等史诗都突出地反映了这种转变，详细阐述了新的男性英雄及其征服方式。

从那时起，女性在历史上的地位就随着男性地位的上升而下降。虽然女性几乎在所有领域都取得了成就，但是由于她们被教育和专业机构拒之门外，她们的贡献必然较少。后来，这种情况越发严重。或许更令人奇怪的是，有些男性为了自己的私利，拒绝公开承认女性的成就，甚至把她们的成就占为己有。就连非洲和伊斯兰传统中著名的数学家、诗人和哲学家埃及女王克利奥帕特拉，在西方历史上被“铭记”在册的原因，也仅是她勾引了两位著名的罗马将军：恺撒和马克·安东尼。克利奥帕特拉最后被奥古斯都皇帝打败，为了避免被当作战利品游街示众，她选择自杀而亡，结果奥古斯都皇帝只好在街上展示她的画像。对此，玛丽·理查森和大猩猩女郎都不会感到惊讶。

为什么得到称赞的总是男人？

在2016年的里约热内卢奥运会上，当匈牙利游泳选手卡廷卡·霍苏夺得金牌时，现场解说员没有对她本人的努力表示认可，而是盛赞她的男教练：“是这家伙把［她］变成了一个彻底不同的游泳运动员。”这种从女性转向男性的“荣誉滑坡”在历史上发生过无数次。例如在11世纪，萨莱诺的特洛塔医生就无法因为她的驰名著作而享有荣誉。她写过许多部与女性疾病和症状相关的

重点思考题

如果妇女创造的艺术作品和发明被诋毁或抹杀，我们怎么能知道她们取得了什么成就？

女性总是被告知：“你做不到，太难了，你不可能成功，不要参加这场竞赛，你永远不会赢。”

——扎哈·哈迪德

书籍，这些书成为得到广泛使用的重要医学资源，但随着时间的推移，人们开始质疑她的作者身份——这些作品肯定不可能是女人写的吧？结果部分文本被以男性作者的名字重新发布，而一些评论者则认为一定有很多（男性）作者参与其中。今天，历史学家一致认为，特洛塔不仅确实存在，是个女人，而且确实写过这些作品。她足足用了一千年的时间才恢复了名誉。

在科学领域，女性所发挥的作用也一直遭到忽视。中国女核物理学家吴健雄和奥地利女物理学家莉泽·迈特纳对核炸弹研发的贡献直到现在才被承认；最早发现性别由男性精子中的染色体决定的是美国女生物学家内蒂·史蒂文斯，但功劳却属于看到她的工作成果后，提出这一结论的男同事E. B. 威尔逊。科学史学家斯蒂芬·布拉什指出：“因为威尔逊在其他领域做出了重大的贡献，所以这一发现往往也被主要归功于他。”

内蒂·史蒂文斯
遗传学家

莉泽·迈特纳
物理学家

罗莎琳德·富兰克林
化学家

这就是所谓的“玛蒂尔达效应”，这是科学史学家玛格丽特·罗西特在1993年创造的新词，指的是历史上女性科学家的许多成就都没有得到足够的承认，而史书中对男性科学家的称赞却数不胜数。它模仿的是1968年由罗伯特·K. 默顿提出的“马太效应”定义，即已经成名的人比默默无闻的人更有可能获得荣誉。玛蒂尔达效应实际上也源于马太效应（在某种程度上，这肯定让许多女性主义者恼火！）。

抉择时刻

主要由男性撰写的人类成就史会向我们表明，女性在任何领域都没有取得多大的成就。即使有些女性在去世多年后重新得到关注，她们的成就也很容易被错误地归于他人。另一方面，成千上万的女性尽管被禁止接受教育，得不到经济和情感上的支持，甚至常常被彻底剥夺工作的权利，却仍然设法写作、绘画、发现、制造和发明。她们的画作一直在被重新发现，并实至名归地陈列于博物馆内，其中连一幅裸女画像都没有。

第五章：媒体中的女性

我敢在网上畅所欲言吗？

罗博瑟姆‖彭尼‖弗莱彻‖洛德

互联网本应是美好的：在这个美丽新世界里，人们可以自由地交流，不随意评判别人；在这个地方，你是谁，你长什么样，你来自哪里都不重要。然而，正如任何敢于在网上分享自己观点的女性会告诉你的那样，这并不是互联网的现状。不管怎么说，目前还不是如此。

社交媒体平台是个好东西，原因有很多：例如女性主义运动和“黑命攸关”（Black Lives Matter）运动。社交媒体平台也是一种重要的工具，在反对跨性别恐惧症、恐同症、种族主义和性别歧视的运动中，它帮助世界变得更美好。

但是，社交媒体平台也成为聚众侮辱他人的新场所：一些人利用它们散布仇恨的信息，或对他们不赞同的人发出死亡威胁。相当多的受害者都有一个共同之处：她们是女性。

2016年，诺顿安全公司的一项研究发现，在1 000名接受调查者中，有近一半的人在网上经历过某种形式的辱骂或骚扰。其中，三十岁以下女性所占比例高达76%。

说到“骚扰”，我们在这里指的是什么？是你作为女人在网上分享你的想法时可能经历的事情：你很可能会遇到你不想接触的人、网络抬杠和网络欺凌、性骚扰以及强奸和死亡的威胁。如果你特别不幸，你还可能会遭受报复性色情骚扰或“性勒索”。这项研究发现，在三十岁以下的女性当中，有十分之一的人都有过类似经历。歧视并不止于此，研究还发现，女同性恋、双性恋和跨性别女性往往因为自己的性取向而成为他人攻击的目标。

对互联网而言，这说明了什么？或者正如作家、博客作者和网络犯罪专家塔拉·莫斯在2017年的一次演讲中一针见血地指出的那样："这并不是出自深渊，也不是出自‘互联网’，而是出自我们自己。我们作为一种文化，正把偏见倾注到我们使用的技术中。”那么对人类而言，这说明了什么？

为什么受伤的是女人？为什么到现在才发生？

在互联网出现之前，人们只能用有限的方式来表达自己。媒体在很大程度上是由男性经营的大公司控制的，女性主要由男性来描绘。在《女性的意识，男性的世界》中，英国社会主义女性主义理论家、作家**希拉·罗博瑟姆**在谈到女性主义运动发生前的时代时写道："我们［女性］通过传闻和直接经验来认识自己。世界如是存在，我们寄身其中。……我们只能触摸它的外部形状，在它的外部行动，并通过男人为我们制造的透镜来观察它。我们

这并不是出自深渊，也不是出自“互联网”，而是出自我们自己。我们作为一种文化，正把偏见倾注到我们使用的技术中。

——塔拉·莫斯

没有办法把我们内在的自我和外在的事物运动联系起来。”

重点思考题

如果你在网上保持沉默，那么这与你在现实世界中被迫保持沉默是否相同?

但是，随后出现了数字革命，与此同时，还出现了女性主义的第四波浪潮（参见上文第12页）。任何能进入开放互联网的人，尽管其声音通常不会在主流媒体上被听到，却突然可以分享自己的观点，让别人听到自己的声音。英国记者兼作家**劳里·彭尼**（Laurie Penny，1986—　）曾就这些变化写了很多文章。她在《网络性别歧视：互联网上的性、性别和权力》（2013）中谈到了这些新平台的起起落落。“互联网虽然让厌女症和性暴力变得很容易，但最重要的是，它做到了其他重要的事情。它给予妇女、女孩和酷儿人群相互交流的空间，让他们可以毫无限制地跨越国界，分享故事，改变我们的现实。”

为什么我们需要让女性上网

当人们第一次使用互联网时，许多人将其视为乌托邦。女性尤其对互联网产生了兴趣，认为互联网可以帮助她们对抗父权制。“网络女性主义者”一词最早出现在20世纪90年代，当时有技术头脑的女性开始聚集在网络论坛上，在男性主导的计算机技术世界里开辟空间，并扪心自问：网上可以避开性别吗?

对于新西兰小说家**贝丽尔·弗莱彻**（Beryl Fletcher，1938—2018）来说，网络空间有着巨大的潜力。1999年，她在收录于论文集《网络女性主义：连接性、批判和创造力》的文章中写道，网络可以“将想象力和语言发挥到极致；它是一座巨大的信息图书馆，一间八卦会议室，一处充满政治色彩的情感景观。简而言之，这是女性主义者的理想场所”。如果你快进到现在，网络空间显然对任何人来说都不是一个完美的地方。因此，人们越来越多地在网上审查自己。根据数据与社会研究所和创新公共卫生研究中心的数据，为了避免网络骚扰，美国年轻女性的自我审查程度最高，十五岁至二十九岁的女性中有41%的人为了避免受到谩骂而进行自我审查。

在所有这些例子中，女性都会为了避免受到谩骂而选择隐瞒自己的声音。结果是受害者而不是行凶者承担了责任，离开了网络空间。正如劳里·彭尼在《网络性别歧视》中所说：“我们正在互联网上重复着我们在这几百年来告诫年轻女性的话：我们希望你能来到这个充满权力和冒险的成人世界，虽然你可能会被强奸或骚扰，但你最好坐下来，闭上嘴巴，把你的脸打扮得漂漂亮亮。”

线上行为的线下后果

人们在网上的遭遇会对他们的个人生活产生直接而令人不安的影响——网上谩骂甚至会对身体造成伤害。在网上遭受谩骂的女性当中，有55%的人表示她们因此经历了焦虑、压力或恐慌。她们还报告说，她们面临严重的心理后果，比如缺乏自信和产生无力感。

这完全是一个人权问题。2017年英国大选期间，由于女性在社交媒体上受到严重谩骂，国际特赦组织对英国政界女性进行了调查。该组织分析了177名大选前夕活跃在推特上的女议员的推文，发现受到谩骂的主要是黑人、亚裔和少数族裔女性。参加……即使我们沉默/我们也仍然害怕/所以还不如开口……
——奥德丽·洛德

公职竞选的女议员中有二十名出自这一背景，她们收到了近一半（41%）的辱骂性推文，数量远远超过其他人群。研究表明，她们收到的辱骂性推文数量几乎是白人议员的八倍。研究人员认为这种辱骂是我们真正迫切需要关注的问题，因为它阻止妇女参与政治，甚至阻止她们在公共场合发表意见。

女性对这种恶果的恐惧会不会使她们放弃参与公开辩论？自称为“黑人、女同性恋、母亲、战士和诗人”的**奥德丽·洛德**（Audre Lorde, 1934—1992）认为，早在社交媒体出现之前，甚至在女性主义第二波浪潮期间，女性也面临着类似的困境，她以诗文《生存祈祷》予以回答（参见本页引文）。

抉择时刻

如果我们把现状看作是互联网的问题，那就完全没有抓住问题的关键。只要任何公共领域的女性仅仅因为她们是女性而受到攻击，我们就不会拥有平等。我们唯一能做的就是拒绝被赶出这些舞台。所以，勇敢地言说吧。说出你的想法，发表有争议的观点。因为正如奥德丽·洛德在文章《沉默的转变》中所说的那样：“你的沉默不会给予你保护。”

我为什么对女明星的长相如此着迷？

沃尔夫 ‖ 桑塔格 ‖ 帕格利亚

从八卦小报到时尚杂志，再到社交媒体，图像正越来越多地主导着公共话语，并助长了世人的肤浅。智能手机已经成为我们日常生活的一部分，而我们却根本放不下手机。公众人物面临持续的审视，不是因为他们说了什么或做了什么，而是因为他们的外貌：可能是他们的衣服，可能是他们的体重，可能是他们头发的颜色，也可能是他们皮肤的颜色。无可争议的是，这种审视更针对女性，而非男性。

太阳底下并无新鲜事。英国政府先后在1918年和1928年通过法案，先是给予每一位户主和三十岁以上妇女选举权，后又给予二十一岁以上的妇女选举权。《旁观者》杂志由此提出，女性让政治变得“虚假、庸俗、时髦”。这种把女人的外表看作比其言行更有趣的新闻评论方式，不仅困扰着政界的女性，也困扰着任何一个公众视野中的女性。

如果你轻信报纸和杂志，那么从发型到裙子的长短，女人穿什么似乎是世界上最重要的事情。这些媒体会为了赚取巨额利润，分享从名人到政客的各式人物的照片。它们编写的故事越极端，标题在网上的“点击率”就越高。女人必须看起来“惊艳”或“可怕”，才可能登上八卦版块。

因此，媒体总是和女性过不去。美国第三波女性主义浪潮参与者**娜奥米·沃尔夫**在《美丽神话》中写道，在20世纪70年代的女性主义者大游行期间，“头条新闻的标题写着：‘WOMEN ARE REVOLTING’。既可以理解为‘女人在造反’，又可以理解为‘女人让人反感'。女性一旦接受了这种描述运动的方式，戏谑也就随之而来了”。

媒体做的第一件事就是对游行女性的外貌评头论足。但愿这不会阻止人们去思考，为什么她们要为争取平等权利；但愿这不会分散人们对她们发出的信息的注意力。然而，事与愿违，你会发现自己正专注于女人的衣服或者她的妆容，然后用同样注意力涣散、有辱人格、具有破坏性的方法比较所有的女人。

正如沃尔夫在《美丽神话》一书中所言："尽管许多女性意识到，自己的注意力就这样被集中到外表上，但很少有人完全理解，这种注意力的转移在政治上的作用：当人们对运动的注意力被分散，转而聚焦女性领袖的身体特征时，人们就可以不理会其他方面，而只是评价她们要么太漂亮，要么太丑。”其最终的效果就是：阻止女性认同其领袖提出的问题。一旦公众女性被贴上“太漂亮”的标签，那么她就成了威胁，成了对手——或者根本就不严肃；一旦她们被嘲笑为“太丑陋”，认同其提议的人就可能被贴上同样的标签。

通过镜头看自己

Instagram等图片社交平台的崛起，只会助长人们对外表的自恋。早在1977年，一位女性主义者就预言，大众媒体和廉价相机

人们需要通过照片来确认现实，增强体验，这是一种审美消费主义，现在每个人都对之上瘾。

——苏珊·桑塔格

将会给世界带来问题。这位女性主义者叫**苏珊·桑塔格**（Susan Sontag，1933—2004）。她在《论摄影》中写道："人们需要通过照片来确认现实，增强体验，这是一种审美消费主义，现在每个人都对之上瘾。""就像枪支和汽车一样，照相机也是一种让人上瘾的幻想机器。"

桑塔格预言了我们将如何沉迷于理想化的生活，并更多地通过镜头而非现实来审视自己。桑塔格认为，或许最令人担忧的是，这不是一种被动行为，而是一种具有攻击性的行为。桑塔格说："理想化的图片（如大多数时尚照和动物照）和拥有平实特点的作品（如班级照、暗淡的静物照和大头照）一样具有攻击性。相机的每一次使用都隐含着一种攻击。"

桑塔格还表示，当我们花时间看别人的照片时，这其实并非无害的乐事，或者一种"负罪的享受"。实际上，"照片在向我们传授一种新的视觉编码过程，它改变和扩大了我们对值得看和有权看的事物的界定。它是一种语法，更是一种观看伦理"。

如果你花费太多时间通过别人的图片看世界，你可能会开始相信你所看到的一切。但是，这些图片不是现实，它们经过编辑，是别人希望你看到的世界。

重点思考题

专注女性外表会分散我们对更重要的问题的注意力吗？

我为什么要自拍？

无论是名人和品牌，还是普通的男人、女人和孩子，社交媒体的兴起让每一个人都有机会直接与世界对话，而无须经过审查或编辑。但是为了使我们的照片看起来更像我们在杂志、报纸和电视上看到的图片，我们选择用滤镜和应用程序来编辑我们的图片。我们已经习惯了呈现出另一种现实的画面，而我们的现实却不能企及它们。沃尔夫说，这凸显了西方民主原则的核心矛盾。在《美丽神话》中，她问道:“憎恨审查制度、信奉思想自由交流的西方价值观如何应对这一状况?”

许多女性主义者谈到过男性的凝视，并认为在父权社会中，女性在离开男性的凝视时并不真正存在。英国艺术评论家约翰·伯格在著作《观看之道》(1972)中有一句名言:“男人行动而女人现身。男人看着女人，女人看着自己被别人看见。”这种想法在数字时代只会更为严重，因为数字时代根本不会让女性“拥有”自己的公众形象，更不会让她们以自己想要的方式被人看到，反而会增加我们对图片的贪欲，激化我们对美妆杂志上的理想化美图和八卦版的丑闻的追求。

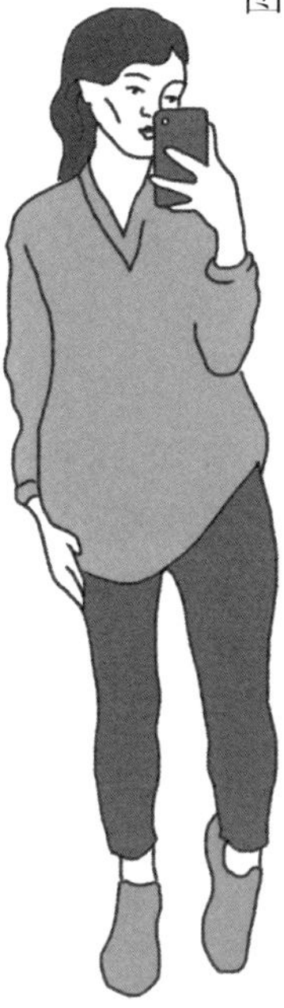

在极端情况下，一个女人的形象可以被用于勒索。2014年，在iCloud黑客丑闻中，许多知名女性的裸照被发布到互联网上。美国演员詹妮弗·劳伦斯是黑客攻击的目标之一，她在2017年告诉《好莱坞报道》的“颁奖漫谈”播客:“我感觉自己被这个该死的星球狠狠地撞了一下——世界上就好像没有人看不到我的这些私密照片。说不定你只是在一家烧烤店吃饭，同行的人就可能在手机上刷到这些照片。这真是一件令我无法应对的事情。”她接着说，这种经历带来了“令人难以置信的侵害，你甚至无法用语言来表达”。

世界上就好像没有人看不到我的这些私密照片……这真是一件令我无法应对的事情。

——詹妮弗·劳伦斯

现代明星

美国评论家**卡米尔·帕格利亚**（Camille Paglia，1947— ）对流行文化，尤其是过去三十年的女性主义运动进行了评论。2015年，《好莱坞报道》发表了她的一篇文章，她在这篇文章中问道："集体自拍有助于实现女性目标吗？"她以一贯的思维敏捷、冷静的方式审视了"女人帮"的现代现象。"女人帮"因美国乡村歌

手泰勒·斯威夫特等人而出名。斯威夫特经常分享自己和名人朋友的照片，并在巡演时把朋友们请到舞台上。

这些集体自拍（加上了女人帮目标的话题）让斯威夫特的批评者认为，她是在利用女性主义作为一种营销工具。但是，我们该责怪她吗？帕格利亚说："年轻的女性演艺工作人员现在仍然受到成群结队、咄咄逼人的狗仔队文化的摆布，而我们过度纵欲的裸露时尚则又强化了这种文化。……在与行业食人鱼的谈判中，年轻女性是多么孤立和易受攻击，这无疑放大了女人帮现象。"

抉择时刻

这些知名女性被镜头的海洋所孤立，而我们却站在镜头的另一侧。娜奥米·沃尔夫会告诉你，这种肤浅的文化会让人分心。她在《美丽神话》中写道："粉饰女性面孔是为了抹去女性的身份、力量和历史。"这种技巧能阻止你思考女人在说什么或做什么；这种技巧能诋毁女性。在摄影革命的拂晓，苏珊·桑塔格已然预见了它的到来。

也许我没有我想的那么“直女”……

洛德‖约翰斯顿‖麦当娜‖巴特勒

人类的性行为很难分类。人们开始意识到，也许我们并非都能被纳入某种类型。在互联网的帮助下，我们开始慢慢地认识到性欲的广谱性。根据加拿大安大略省滑铁卢大学最近的一项研究，女性也消费网络色情产品，而且她们正在使用新技术来探索自己的性行为，并把它作为一种与他人交流性兴趣的手段。

到目前为止，我们一直从女性主义理论的视角关注社会性别，关注社会在我们塑造自我期望时所起的作用。而性取向又是怎么回事呢？由于父权制使女性成为“他者”，故而异性恋被视为标准，而以其他任何方式体验性的人也被视为“他者”。这两个群体之间的相似之处不可低估，女性主义者几十年来一直在研究这种二元划分。

奥德丽·洛德就是这样一位女性主义者，作为一个黑人女同性恋者，她因为自己的性取向而受到歧视。她在《年龄、种族、阶级和性别》（1980）中写道，人类将自己看作不是“男人”就是“女人”，这其实具有很大的局限性。“作为社会控制的工具，女性被鼓励接受这样的信条：人类只有男女差异，而且男女差异是人类唯一合法的差异。”她说人们需要理解和接受的是，除了在男人和女人之间存在差异，在一个女人与另一个女人之间，一个人与另一个人之间，也存在着各式各样的差异。

洛德于1992年去世，如果她看到当今的互联网，她会相信互联网能为人们提供机遇，让人们更能接受和理解他人的生活方式

和选择。如今，你可以遇到来自世界各地的男人和女人，他们已然不符合过时的二元异性恋划分。

二元异性恋划分是正确的吗？还是父权制社会的一种建构？其他研究发现，虽然女同性恋者更容易被女性的外形所吸引，但大多数自称异性恋的女性，实际上都会被裸男和裸女的视频挑起性欲。也许不是只有你一个人会问自己，你是否真的像自己在成长过程中所相信的那样，是一个异性恋。

所有的女人都是女同性恋吗?

在20世纪60和70年代，这是一个备受争议的话题。如第三章所述，**吉尔·约翰斯顿**在这方面尤其直言不讳。这位著名的美国女性主义者有句名言："除了尚且不知道同性恋是怎么一回事的人以外，所有的女人都是女同性恋。"她还领导了分离主义运动，认为只有当男女首先学会各自独立生活，才能实现平等。她还把分离主义与性取向联系在一起——这一点颇受争议。她在《女同性恋国》中写道："在所有女性都成为女同性恋之前，不会有真正的

除了尚且不知道同性恋是怎么一回事的人以外，所有的女人都是女同性恋。

——吉尔·约翰斯顿

主人的工具永远拆不了
主人的房子。
奥德丽·洛德

政治革命。”

在英语世界大部分地区，围绕着约翰斯顿的政治女同性恋主义的争论不断蔓延开来。1981年，这种争论达到高潮。当时出版了一本声名狼藉的小册子《爱你的敌人？异性恋女性主义与政治女同性恋之间的争论》，在这本书中，政治女同性恋被定义为：“一个自我认同为女性却不与男人性交的人，而且她不一定与其他女性有性行为。”该书继续写道：“我们认为，严肃的女性主义者别无选择，只能放弃异性恋。只有在男性至上的压迫制度下，压迫者才能将入侵和殖民推进到被压迫者体内。”

这在当时引起了很多争议，因为它暗示，性取向是一个个人选择的问题。性取向的现代解释认为，它来自你的内心，它是你生命中必不可少的一部分。因此，如果社会试图让你认为异性恋是唯一的真爱，这将是一种极端的限制。这也许可以说明，为什么越来越多的女性直到现在才发现，她们的性取向不止一个维度。

麦当娜、酷儿理论和拒绝被归类

流行音乐巨星**麦当娜**（Madonna，1958—　）就是一位拒绝被归类的女性。这位“流行天后”有着漫长而辉煌的职业生涯，并悍然不惧地直面音乐界的厌女症和性别歧视。因为拒绝被塑造成某种陈规定型，她一次又一次地卷入舆论论战。她常常扭转局势，通过实验社会强加给女性的不同角色，逃脱人们对她的刻板定义。

朱迪丝·巴特勒在《性别麻烦：女性主义与身份的颠覆》（1990）中广泛探讨了性别政治。她对基于身份的政治进行了批判，并且声称社会将“女性”呈现为一个连贯一致的群体，是为了“在人们不知不觉中规范和具化［二元］两性关系”。尽管巴特勒和麦当娜（一个是女性主义学者，另一个是超级明星）使用的媒介和面对的受众完全不同，但她们都挑战了生理性别和社会性别的狭隘限制。就像奥德丽·洛德一样，巴特勒想让世界接受这样一个事实：世上不只有一种女人，不只有男人和女人，不只有异性恋和同性恋。她甚至把这些后来的概念称为“对原先异性恋身份的奇想式表现”。

但是，对任何人来说，要以“规范”之外的身份展现自我都是一件非常困难的事情。1996年，美国诗人玛雅·安杰洛在一场共有4 000人参加的LGBT集会上说：“我是男同性恋。”她停顿了一下，接着又说：“我是女同性恋，我是黑人，我是白人，我是美洲原住民，我是基督徒，我是犹太人，我是穆斯林。”她相信所有人，不论种族、性别或宗教都能分享共同的人性，她也邀请所有人拥抱他们共同的人性。

然而，我们的社会并不是一个容易栖身之地。洛德作为第一批公开承认自己是黑人女同性恋的女性主义者，她的生活举步维艰。她所推崇的交叉性（参见上文第39页）被用来反对她，其身份的每一个方面都被人拿来以这样或那样的方式反对她。例如，其政治对手试图通过宣布她的性取向，在黑人学生中败坏她的名声，但这只会让她在女性主义运动中发出更强有力的声音。

在《年龄、种族、阶级和性别》中，洛德有一段感人肺腑的话：“作为一名黑人女同性恋女性主义者，我身份的许多不同成分令我感到满

重点思考题

社会性别的二元观是否阻碍了我们对自己的全面了解？

足。作为一个致力于让种族自由和性自由免遭压迫的女性，我发现自己不断地被鼓励去发掘自己的某个方面，并将它作为有意义的整体呈现出来，却令自己的其他部分黯然失色或遭到否定。这确然是一种破坏性的、支离破碎的生活方式。"

抉择时刻

洛德拒绝界定自己，选择活出她所有不同的自我。她会说，试图满足别人对你的期望，这是一种浪费精力的行为，相反，人们需要学会同时保有自己的所有不同之处，并拥抱它们。因为就像这些女性所提倡的那样，完全做你自己才是最大的反叛。

我为什么要不停地购置新衣？

弗里丹 ‖ 沃尔夫 ‖ 胡克斯

纵观历史，服装对女性来说代表了很多东西。它们让你按照社会对你的期望来打扮自己，严格保护你的女性身份，因而代表了压迫；它们也会给你带来机会，通过你自己选择的面料或剪裁方式来展示你真正的自我，因而代表了表达。在世界上的大多数地方，你仍然可以看到这两种作用同时并存。

无论你住在哪里，有一件事是肯定的——喜欢购物是女人的特点。《哈佛商业评论》（2009）的一份报告显示，全球女性每年掌控着约20万亿美元的消费支出。这确实是巨大的消费能力。而时尚本身在很大程度上被视为一种女性消遣，并且社会有直接的途径进入其中。你可以算一下，美国的购物中心比中学还多。所以，当美国青少年在最近一项研究中被问及业余爱好时，女孩们的答复是：购物。

购物是如何成为女人的特权的？

然而，时尚不仅仅是一种消遣，它还是一桩大买卖。英国拥有欧洲最大的零售服装市场，到2020年，其价值预计将达到770亿美元。多亏有了互联网，无论你生活在世界的哪个角落，购物都变得越来越容易。2017年，英国零售电子商务销售额占零售总额的比例最高（16.9%），其次是中国（15.5%）、挪威（12.1%）、芬兰（11.2%）和韩国（11.3%）。美国排在第八位，占8.3%。

女人从什么时候开始与购物联系在一起?

这是一个好问题。第二次世界大战结束以后，大规模生产意味着消费品市场突然在世界各地生意火爆。男人们重返工作岗位，女人们则重返家庭。新的工业生产方式使女性新获的（所谓）更多自由和更多闲暇相结合。她们会做什么呢？购物。

在购物这个研究领域，颇具争议的第二波女性主义者**贝蒂·弗里丹**最具权威性。她在美国目睹了购物潮的爆发后，于1963年出版了《女性的奥秘》一书。但是值得注意的是，弗里丹没有意识到许多女性根本没有充裕的时间购物。她们现在的情况比以前更糟，不仅要完成家务，还要外出工作挣钱。因此，弗里丹所代表的女性主义流派受到了抨击。

但不管你的收入水平如何，弗里丹等人发现，有一个东西对

> 不知何故，在某个地方，有人发现一个无法充分施展才华、内心充满莫名渴求、精力旺盛的家庭主妇，会想要购买更多的东西。
>
> ——贝蒂·弗里丹

所有女性都有影响——那就是广告的刻板本质。它只提供了美国梦这一种选择，即（白人）核心家庭的观念：外出工作的丈夫、待在家里的妻子和两个左右的孩子（另参见上文第113页）。

那么，品牌是如何把女人与购物联系在一起的呢？它们会告诉女性，她们的身份是由她们所购买的东西决定的。它们把新兴的消费文化与独特的、理想化女性形象交织在一起。这个理想化女性是白人，她在家里工作——家是她的归属。女性主义者凯西·迈尔斯在《女性主义理论百科全书》中批评了这种女性的刻板印象，称其为“危险的颠覆性女性形象”。

娜奥米·沃尔夫在《美丽神话》中指出，之所以会这样，是因为“对消费文化形成最佳支撑的市场主要由刻板的性别克隆人组成：想要物品的男性和想要成为物品的女性，以及由市场支配的不断变化且用后即弃的物品”。沃尔夫认为，商品的无常和变化多端使女性对自己的不满与日俱增，这种不满会驱使她们不断地购物。

女性与广告的关系

弗里丹对广告商如何以女性为猎物也有类似的看法。她在《女性的奥秘》一书中写道：“不知何故，在某个地方，有人发现一个无法充分施展才华、内心充满莫名渴求、精力旺盛的家庭主妇，会想要购买更多的东西。”鉴于世界上大多数女性从来没有经历过这种有太多的钱，却没有足够的事情做的特权状态，我们可以再次看出，弗里丹为什么在这一点上遭到批评。

不过，弗里丹所针对的特定女性群体倒正是广告商针对的目标。这些人很容易受广告商的影响，她们照单全收了这样的观念：

如果没有买到最新的产品——无论是裙子、熨斗还是新品牌的保湿霜——她们就不够好。

或者，正如弗里丹所说："染头发不能让时间停止；购买普利茅斯牌汽车不会给她一个新的身份；抽万宝路牌香烟不会让她有艳遇，即使她认为这些都是她想要的。没有兑现的承诺只会让她对事物有无尽的渴望，让她永远不知道她真正需要什么或想要什么。"对弗里丹来说，女性是消费的奴隶，这本身就是一种压迫，让你被购物习惯束缚住，不让你意识到自己内心的空虚。这太让人难过了！

购物病：自恋和购物狂

可悲的是，当我们转向购物成瘾的问题时，我们发现我们无法缓解这样的痛苦。为什么女人购买而男人制造？西蒙娜·德·波伏瓦是第一位就此进行探讨的女性主义者。在《第二性》论自恋的章节中，她探讨了女性在这个世界上是多么无能为力，因此必须找到一些东西来赋予她们的人生以意义。"男人存在的真实感在于他建造的房子，他砍伐的森林，还有他医治的病人，"她说，"女人无法在自己的计划和目标中成就自己，于是只能求诸内在来把握自己。"

重点思考题

你的身份和你购买的东西关系有多密切？

可悲的是，今日的女性似乎仍在遭受这种痛苦。所以，波伏瓦肯定会对当今的消费文化感到震惊。无聊主妇的刻板印象之所以存在，当然是有原因的。随着时尚周期的加快和购物便捷性的提高，购物成瘾易如反掌，

> 对消费文化形成最佳支撑的市场主要由刻板的性别克隆人组成：想要物品的男性和想要成为物品的女性，以及由市场支配的不断变化且用后即弃的物品。
>
> ——娜奥米·沃尔夫

而这种自恋也会日盛一日。

时尚产业伤及的不只有你的钱包

时尚本身要对很多问题负责。人们错误地认为时尚业是女性的产业，其实只要深入挖掘一下你就会发现，当女性在购物时，主要是男性从中获利。一些最受欢迎的时装公司由国际集团拥有，而负责设计部门的“创意神童”几乎都是男性。

此外，这个产业并没有善待员工，其中遍布着工资超低的服装工人（主要是女性）、受虐待的模特、引发焦虑的广告和不当性行为。诸如此类的弊病不胜枚举。

困扰时尚业的弊病还有缺乏多样性和文化挪用问题。正如**贝尔·胡克斯**在文章《吃掉他者》（1992）中所说的那样：“时尚界也开始认识到，利用他者文化可以增加产品销售量。贝纳通广告公司的成功就是这一趋势的缩影。该公司擅于利用多种族形象，由此成为各种广告策略的典范。”由此，任何非白人的文化都被视为

> 时尚界也开始认识到，利用他者文化可以增加产品销售量。
>
> ——贝尔·胡克斯

他者，被视为与正常文化不同的东西。胡克斯经常批评白人主流文化挪用其他文化的意象、符号和传统方式，她认为这只会使这些文化的“他者”问题继续存在下去。

抉择时刻

弗里丹在《女性的奥秘》中表达了对禁锢女性、让她们沦为时尚奴隶的刻板印象的愤恨，而这些刻板印象至今仍是个问题。多样性也仍然是严峻的问题。女性被灌输以单一的理想，一次又一次地被告知，她们“必须”拥有这件新产品，并以某种特定的方式生活。不管你是把钱花在古驰或者香奈尔上，你传达的信息都是一样的。即使你没有钱，花钱也会让你感觉更好；它会让你成为更好的人；它会让你成为更好的女人。可是，它真的能做到这些吗?

电影行业的女性身影在哪里？

戴维斯‖盖伊‖穆尔维‖伍尔夫

自2017年10月以来，电影行业丑闻不断。这些新闻报道让人们注意到，当权力集中在极少数人手中时，所谓的世界精英可能会做出哪些不当行为。正如演员**吉娜·戴维斯**（Geena Davis，1956— ）所做的开创性研究显示的那样，这个问题并非电影行业所独有。

电影行业的女性要想在四十岁以后继续工作，就必须克服种种困难。根据哈尼斯奇基金会和南加州大学安娜伯格分校的研究，只有19.9%的女性角色年龄设定在四十岁到六十四岁之间。挣得最多的女演员收入约为男搭档的40%。当然，也有一些成功女性的故事。比如凯瑟琳·毕格罗，她在2009年凭借《拆弹部队》成为首位获得奥斯卡最佳导演奖的女性。但这样的例子十分罕见，并没有能掀起一场运动或改变竞争环境。自2001年以来，在票房最高的影片中，女性执导所占的比例有所下降，而女性摄影师只占5%。

这个问题真的普遍存在。IBM印度研究公司的另一项研究着眼于印度电影中人物的性别特征。一组研究人员使用了从1970至2017年间上映的4 000部电影的维基百科数据库，从中提取片名、演员阵容、情节、配乐和海报信息，并分析了2008至2017年间上映的880部电影的官方预告片。

根据维基百科的剧情梗概，在近五十年的电影中，男演员平均被提及三十次，而女演员只有十五次。我们从中得到了什么信息？我们可以由此得出女演员的角色没有男演员那么重要，所以女演员的发言权较少。

这一点很重要。你不禁好奇：为什么电影行业里的女性存在感要低很多？这可能与她们受到的待遇有关吗？这里可能存在某种权力不平衡吗？近来带有“#metoo”标签的故事（女性借此分享她们的经历，或者坦言自己曾遭受不当性行为的侵害）越来越多，和它有关吗？

2017年，针对美国电影制片人哈维·韦恩斯坦的指控让人们看到了美国电影行业中许多人的不端行为，但问题远不止于此。韩国电影协会和韩国电影女性协会在2017年进行的一项研究发现，在韩国电影行业工作的女性，从演员到导演，从编剧到普通工作人员，有十分之一遭遇过“非自愿的性要求”。我们不禁要问的是，为什么在全球范围内，坚持到底并登上顶峰的女性如此之少？

由活动家塔拉那·伯克于2006年发起的“#metoo”运动在2017年终于声名鹊起

这就是女性在娱乐圈的现状——所有的事情都悬而未决。

——罗克珊·盖伊

少数派女性主导的电影所面临的压力

在极少数情况下，由女性主导或执导的连续剧或电影终于得到了资助，却往往受到大量的批评。例如，美剧《都市女孩》和电影《伴娘》都不仅受到了批评，而且还被批得一无是处。相比之下，数量惊人的其他非女性主导电视剧和电影却从未受到如此待遇。**罗克珊·盖伊**在《不良女性主义者》(2014)中说，这是因为它们太不寻常了。创作它们的女性确实在从事与众不同的事情，因此她们受到了惩罚。

“那部电影承受的压力很大，”盖伊在谈到《伴娘》时说道，“[它]必须制作精良，这样其他女性主导的喜剧才有希望被制作出来。这就是女性在娱乐圈的现状——所有的事情都悬而未决。”盖伊在谈及电影行业女性岗位稀少的问题的同时，也会谈及电影行业缺乏多样性的问题。对她来说，这两者实则是一枚硬币的两面。

镜头和男性凝视

劳拉·穆尔维（Laura Mulvey，1941— ）是另一位参与这场争论的女性。她于1975年在英国电影理论杂志《银幕》上发表了一篇流传甚广、题为《视觉愉悦与叙事电影》的文章，从电影理论的角度进行了讨论。她认为，摆脱好莱坞男权体制的唯一途径，是用女性主义的方法从根本上挑战和重塑经典好莱坞的策略。在起

重点思考题

如果你无法在主流媒体上看到自己，这会在多大程度上限制你对自己的期望?

步阶段，他们鼓励在传统的工作室路线之外创作电影；世界各地的独立电影都经常挑战好莱坞大片的固有模式。

穆尔维特别指出，女性往往在电影中被描绘成被动的角色。她写道：“在女性传统的展示主义角色中，她们既是被观看者，又是展示者。她们的外表被赋予了强烈的视觉和性欲的冲击力，因此她们具有了被人观看的特性。”在穆尔维看来，如果女性要在工作场所或任何地方实现平等的表现，她们必须像男性那样被描绘，而不是被物化。

一幕属于女人自己的场景

但正如英国作家**弗吉尼亚·伍尔夫**在近一个世纪前所指出的那样，这个问题并不仅仅是性的物化问题。在《一间属于自己的房间》中，她发现男性总是不厌其烦地描绘女性，而他们的笔触往往非常狭隘。“她们时而是母亲，时而是女儿，”她写道，“但几乎无一例外，她们都因为与男人的关系而得到呈现。想想就让人觉得奇怪，在简·奥斯丁之前，小说中的伟大女性都只见于男性视角，而且只在与男性的关系中才被看见。而这在女性生活中占据的比例是多么微小。”

据说，伍尔夫催生出了现代电影中的一场运动——贝克德尔测验，以美国漫画家艾莉森·贝克德尔的名字命名。一部电影若要通过贝克德尔测验，就必须包含两个女人谈论一件与男人无关的事情的场景。令人惊讶的是，只有少数电影能通过这一测验。

17% 法则

为什么属于女人自己的场景很重要？原因在于我们如今大量地接触媒体。尤其是孩子们，他们每天与媒体打交道的时间长达7个小时。为此，《末路狂花》的演员吉娜·戴维斯成立了一家促进性别平等和多样性的机构，并下设一个名为“看到简”的特别部门，其口号是：“如果她能看到，她就能做到。”

成年妇女和未成年女性占总人口的51%，但娱乐媒体的银幕上却始终缺乏女性代表。从很小的时候起，女孩就被教导她们不如男性重要。戴维斯及其团队历时二十年的研究，发现有台词的女性角色为相应男性角色的三分之一，而在人数众多的银幕场景中，女性角色只占总人数的17%。

事实上，这样的男女角色比例自1946年以来就一直保持不变。戴维斯说：“影视行业就和整个社会一样，问题的部分原因在于，主要决策者仍然是白人、男性和中年人。”

可是，如果你不相信我们观看的电影能影响我们的行为呢？“看到简”引述的一起特殊事件，强调了改变目前情况的必要性。2012年，随着两部由女性主演的射箭题材电影《饥饿游戏》和《勇敢传说》的上映，射箭运动突然在女孩中流行起来。吉娜·戴维斯媒体性别研究所对此进行了调研，发现70%的女孩之所以开始这项运动，是因为她们受到了

> 如果她能看到，她就能做到。
>
> ——“看到简”

主人公凯特尼斯或梅莉达的启发。

情况正在好转吗？

在吉娜·戴维斯等人的倡导下，电影行业女性的处境正在好转。美国演员瑞茜·威瑟斯彭和桑德拉·布洛克都成立了非常成功的制片公司，委托制作更多由女性主导或执导的故事影片。安吉丽娜·朱莉也越来越多地参演自己创作的题材。

男演员也在帮助改变现状。宝莱坞演员兼电影制片人法拉汗·阿克塔尔为了发挥自己的积极影响力，成立了男性反强奸和反歧视组织，并在印度发起了一场社会运动，旨在“让人们更积极地思考”，赋予印度女性权利，并强调性别平等的必要性。

2018年，300名在电影、电视和剧院等行业工作的女性发起了“时间到了”运动，抗议职场中的性别不平等和性骚扰，这是另一项有希望带来改变的举措。

抉择时刻

但是，为了使竞争环境更加公平，我们还需要什么改变呢？为了让女性扮演更多的角色，保持性别平衡，男性需要接受更多并非主角的演艺工作，并接受较低的薪酬。这一切都将有助于我们创造一个更为平衡的娱乐产业，让每个人都能得到他们想要和应得的媒体内容。

我们为什么需要女性杂志?

洛德 ‖ 史密斯 ‖ 斯泰纳姆 ‖ 伍尔夫 ‖ 沃尔夫 ‖ 金哈

从报纸的女性专版到光鲜的时尚杂志，再到只出版女性作品的出版公司，媒体领域似乎充斥着直接针对女性的话题。但是为什么我们需要这样发表文章、出版书籍和制作新闻呢？为什么拥有这些女性专属空间对我们来说很重要呢？我们将在20世纪最伟大的女性主义者的思想中，在当今令人兴奋的新媒体格局中找到答案。

那么，我们从哪里开始说起呢？媒体格局变幻莫测，流转很快。为了适应社会需求，报纸和杂志总是随着社会而变化。要想赚钱，报纸和杂志就需要提高销量，留住广告客户。所以，编辑们常常发现，他们不得不在人们喜欢的内容和他们要推动的议程（既有他们自己的议程，也更有可能是广告客户的议程）之间走钢丝，这并不奇怪。

女性主义的第二波浪潮催生出许多专门讨论当时热门的男女平等话题的新出版物和新出版公司。《时尚》杂志为了满足思想更为解放的女性读者的需求，在战后进行了全面革新。新生的《备用肋骨》杂志、维拉戈图书出版公司，以及随后面世的《女士》杂志以及案桌有色女性出版公司则将媒体行业推向了全新的方向，第一次使女性获得绝无仅有的表达机会，可以在不经男人校订的平台上发声。（虽然具有讽刺意味的是，BBC在1946年首次播出女性专场节目《女性时间》时，节目主持人仍然是一名男性。）虽然变化很慢，却肯定在发生。

创始于1973年的维拉戈图书出版公司是如今最著名的女性出版公司之一，按照它自己的说法，它是“第一家面向女性大众市场（占总人口的51%）的出版机构。它将在这个不断变化的世界中为两性带来令人振奋的出版内容”。它出版的第一本书是由玛丽·张伯伦撰写的《农村女性》。后来，它在发行的所有图书上都印上了希拉·罗博瑟姆在《女人、反抗与革命》中写下的名句：“只有当女性开始大量组织起来，我们才能形成一股政治力量，并开始有可能走向真正的民主社会，使每个人为争取自由无私的生活，变得勇敢、尽责、爱思索、勤工作。”

为边缘女性发声

1980年，**奥德丽·洛德**和**芭芭拉·史密斯**创办了一类全新的出版公司——案桌有色女性出版公司，并且把全部精力投入到黑人女性主义者著作的出版和发行中。团队成员还希望做成一些“激进”的事情：印刷旨在促进有色人种女性写作的书籍，而不论作者的种族、国籍、年龄、社会经济阶层和性取向等情况。

这是一个重大的历史时刻，因为案桌是第一家完全由有色人种女性自主经营的出版公司。女性，特别是边缘女性，以前从来没有作为受众或文化的创造者和传承者得到重视。既然当时的大众媒体没有为这些女性留出空间，她们就不得不为自己创造空间。

案桌创始人芭芭拉·史密斯在文章《一家属于我们自己的出版公司：案桌有色女性出版公司》中描述了这家公司创办之初的岁月："1980年10月，奥德丽·洛德在一通电话中对我说：'我们真的需要在出版业做点什么。'"史密斯接着又谈道，为什么边缘女性那么需要拥有自己的平台。她说："为什么我们有如此强烈的动机，要尝试去做不可能之事？那是因为女性出版运动的早期口号就已经告诉我们：'出版自由只属于拥有出版社的人。'对于遭受多重权利剥夺，手中几无权力（自然包括媒体权力）的有色人种女性来说，情况更是如此。我们除了从不情不愿的体制中艰难地攫取一点点权力外，别无选择。"

史密斯指出，也许最能说明问题的是，作为有色人种女性主义者和女同性恋作家，她们知道自己的作品只能"任凭他人意志的摆布，因为不管是不是商业出版机构，都由白人控制的"。这突出了当时女性主义运动中存在的主要问题：种族问题。许多像**格洛丽亚·斯泰纳姆**那样的白人异性恋女性在国内和国际的媒体上获得了越来越多的发言空间，而其他背景和身份的女性却开始觉得这场运动似乎与她们无关。因此她们强调，她们迫切地需要讲述自己故事的空间。

> 只有当女性开始大量组织起来，我们才能形成一股政治力量，并开始有可能走向真正的民主社会，使每个人为争取自由无私的生活，变得勇敢、尽责、爱思索、勤工作。
>
> ——希拉·罗博瑟姆

“男性”专版在哪?

任何眼尖的报纸读者都可能会好奇：为什么报纸和网站上只有女性专版？男性专版在哪？也许整份报纸和整个网站都是针对男人的？在等待两性平等成为现实的同时，我们仍然需要女性相互交流的空间（尽管男性可能最好针对“女性”问题展开自学）。

重点思考题

真正的平等是否意味着女性之间不需要有相互自由交流的特定空间?

弗吉尼亚·伍尔夫经常谈到这类空间的必要性，她在女性主义经典作品《一间属于自己的房间》中说：“女人是孤独的，异性那善变的彩色光束无法照亮她。”纵观历史，女性一直是通过男性视角被观察的。然而，在1970年前后，这种情况开始发生变化。女性开始有机会为自己代言，展示自己，甚至超脱男性的定义来看待自己。

在《美丽神话》中，**娜奥米·沃尔夫**另辟蹊径，对女性与现代媒体内容之间的奇怪关系进行了反思。我们为什么要关心女明星穿什么衣服，或者为什么要让别人告诉你应该买什么穿？沃尔夫说：“她们之所以关心这些内容，是因为尽管女性杂志很琐碎，却代表了非常重要的东西：女性的大众文化。”沃尔夫认为：“女性杂志不仅仅是一本杂志。女性读者与其杂志之间的关系，远不同于男性读者与其杂志之间的关系，以至于这两种关系不属于同一类别。”

> 尽管女性杂志很琐碎，却代表了非常重要的东西：女性的大众文化。女性杂志不仅仅是一本杂志。
>
> ——娜奥米·沃尔夫

女人有观点吗?

2017年，由格洛丽亚·斯泰纳姆、演员简·方达和作家罗宾·摩根共同创办的妇女媒体中心（WMC）开展了一项研究。结果显示：在美国广播公司、哥伦比亚广播公司和全国广播公司这三大美国电视网络上，男性报道的新闻稿件数量是女性的三倍。而女播音员、女战地记者和女通讯员所做的工作占比实际上有所下降，因为根据该中心分别在2015年和2016年发布的报告显示，她们的新闻工作量从32%下滑到25.2%。显然，发表观点是一件专属男性的事情。

无论是在美国还是在土耳其，世界各地的女性仍在为她们的发言权而战，也仍在努力地让她们的声音被听到。毕竟，新闻议程在很大程度上正是由新闻机构推动的，这些机构将世界联系起来，并将它们的报道直接销售给出版机构。

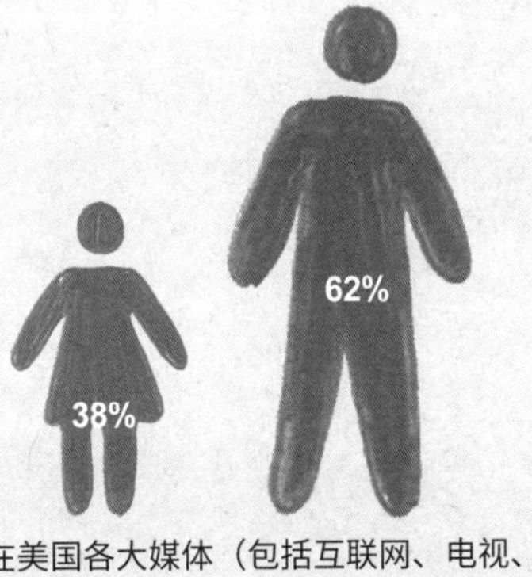

在美国各大媒体（包括互联网、电视、出版公司等）中，男性工作人员署名的文章占62%

资料来源：妇女媒体中心，2017

最近，土耳其女性成立了一家名为**金哈**（JINHA）的库尔德女性通讯社，其宗旨是纠正对于异见的系统性压制。虽然它在2016年被关闭，却是一次勇敢的尝试，说明女性为什么需要自己的空间来讲述自己的故事。这是因为在通常情况下，女性的声音都是不受欢迎的。金哈女性与案桌女性一样，决定自己动手解决问题。

抉择时刻

女性的需要各不相同，而且随时代发生变化。从弗吉尼亚·伍尔夫到娜奥米·沃尔夫，从为有色人种女性服务的革命性出版公司，到库尔德女性通讯社，每个有发言权的人都需要发表意见的空间。这些事例表明：女性需要争取到自己的言论空间才能推动真正的变革。

科技含有性别歧视吗？

普兰特 ‖ 哈拉韦 ‖ 巴斯托斯 ‖ 沃斯通克拉夫特 ‖ 彭尼

你是否注意到，我们使用的媒体在对我们产生影响？随着人类生活的变化不断加速，我们需要考虑的是：我们正在创造的技术将如何影响人类的体验，又将如何呈现我们的人性？这不再是我们在电视上看什么节目的问题，而是我们整天使用的设备和软件在如何塑造我们周围的世界。世界是在变好还是在变坏？

当苹果公司发布配有全套健康软件的新款手机时，它却由于忽视了女性的月经周期问题，忽视了全球一半的人口，结果受到了相当多的批评。怎么就没有女性出面决定健康应用程序应该包括哪些内容？这一事件充分说明了女性在科技领域的缺席，并突出了女性参与科技的重要性。

如今，未来正由男人们建设，而这也带来了各种各样的其他问题。从不当的性行为，到“码农”皆为男性的刻板印象，再到硅谷董事会中女性身影的稀少，科技行业正将女性拒之门外。

而根据世界经济论坛在2016年发布的“就业前景”报告，女性也将因科技的性别歧视而在其他方面吃亏。《行业性别差距：第

> 到20世纪末，在我们这个时代，在这个神话般的时代，我们都成了怪物喀迈拉，都成了机器和有机体的理论化构造混合体；简而言之，我们都成了生化电子人。
>
> ——唐娜·哈拉韦

四次工业革命中的女性与工作》报告称，为了争取平等和就业，世界各地的女性可能不仅要与男人斗争，还要与人工智能机器人斗争。

网络女性主义者早就提出的解决方案

早在20世纪90年代，科技带来的答案就已然和问题一样多了。例如，生化电子人可以被用来超越性别吗？科技为消除困扰社会的刻板印象和各类问题提供了一种方案。网络女性主义者希望用它来挑战刻板印象，让它们难以为继。

然而，相反的情况却发生了。例如，一想到有个机器人可以在你下班回家后帮你订购杂货，并询问你是否过得愉快，你觉得这个机器人听起来会像男人还是女人？如果你的回答是“女人”，几乎没人会觉得奇怪。以微软Win 10系统的Cortana和高德语音导航为例，你所使用的实用技术都在采用女人的声音。当你致电客服中心时，通常情况下，电话末端传来的是让你感到平静而放松的恭顺的女人的声音。

网络女性主义者对于世界的想象却并非如此。网络女性主义一词由英国哲学家**赛迪·普兰特**（Sadie Plant，1964— ）在1994年创造，她曾被《星期日独立报》描述为“21世纪IT女孩”。

> 系统可以调整，我们可以重写它，使其变得更好——或者我们可以使它变成化解过往偏见的游戏室。一切都取决于我们。
>
> ——劳里·彭尼

不过，影响网络女性主义运动最深的思想家是**唐娜·哈拉韦**（Donna Haraway，1944— ）。这位后人文主义学者和女性主义理论家在论文《生化电子人宣言：20世纪末的科学、技术和社会主义女性主义》（1985）中，探讨了性别“规范”的问题，想象了女性主义的未来，并提出把生化电子人作为解决人类问题的方案。她设想的生化电子人具有半人半机械的特点，它将挑战种族偏见和父权偏见。哈拉韦写道：“这就是女性主义者必须编码的自我。”但是，哈拉韦对未来的设想还没有实现，因为自我编码几乎完全成了男性的工作。尽管我们使用的技术已经成熟，但是交叉性女性主义者所希望建造的乌托邦尚未实现。

重点思考题

我们是否正在通过我们构建的技术，投射我们自己的刻板印象，并在未来进一步巩固它？

为机器人分配性别

从推特到色情网站，互联网已经成为现实的传声筒，网民在网上找到与他们线下观点一致的社团抱团取暖。这不是简单怀旧的行为，而是需要我们反思的行为。2016年，大卫·温伯格在《洛杉矶书评》上发表了《重新思考互联网时代的知识》一文，他写道：“网络知识与其社会背景密不可分。”互联网创造的网络是建立在旧思想基础上的新平台。

艺术家**西贝尔·卡瓦利·巴斯托斯**（Cibelle Cavalli Bastos，1978— ）用“流氓软件”来比喻我们的偏见。“我们的行为方式就像一台电脑，最终不知不觉地安装了很多流氓软件。”2017年，

她在当代艺术学院的后网络女性主义国际会议上发言:"种族主义、性别歧视、阶级歧视都是流氓软件。我们一度学会了这些糟粕,现在需要把它们从我们的系统中清除出去。我们需要取消这些编程,抛弃旧思想。"

想想这些偏见会对机器人产生怎样的影响。我们制造的机器人与我们创造的网络一样,都与社会环境不可分割。所以,当我们给机器人分配性别时,问题就来了。我们可以设计一个"女性"机器人,让它的声音听起来更体贴更慈祥;也可以设计一个"男性"机器人,让它听起来更具权威。

如果考虑到"性爱机器人"的余波,问题就更大了。**玛丽·沃斯通克拉夫特**在《为女权辩护》中对此做出预言,描述了男人对女人的期望:"她生来就是男人的玩物,就是他的拨浪鼓,每当他不顾理智,想要取乐时,拨浪鼓就必须在他耳边叮当作响。"与沃斯通克拉夫特描述的女人相比,男人为自娱自乐而购买的性爱机器人又有什么不同?

女人和机器人有什么不同?

如今,在"男人邂逅机器人,爱上机器人"的反乌托邦叙事日益流行的背景下,我们要再次转向**劳里·彭尼**的观点。2016年,在为《新政治家》撰写的一篇文章中,彭尼写道,从1927年的《大都会》到2014年的《机械姬》,我们看到的是同一个故事的不断重复："主人公……经历痛苦，试图弄清楚他的芯片爱人是否真的有感情。"彭尼问道："如果她有，那么他如此利用她对吗[……]？如果她没有，他能真正爱上她吗？"她接着又问："这重要吗？她会叛变吗？怎么才能阻止她？"几个世纪以来，社会一直在追问的这些问题并不是关于机器人的问题，而是关于女人的问题。随着我们使用的技术日益成为日常生活的组成部分，我们必须考虑技术正在如何塑造世界，因为我们创造的虚拟世界对我们自己的现实世界有着实实在在的影响。

抉择时刻

那么，科技有性别歧视吗？有。因为它是由带着固有偏见的男人和女人（主要是男人）创造的。从色情文化到电子游戏，再到顺从的机器人，我们所使用的媒体和技术正在向我们传授关于真实世界的信息。正如彭尼在《网络性别歧视》中所言："……我们可以重写它，使其变得更好……一切都取决于我们。"

第六章：这是我的身体

我为什么总觉得自己胖?

爱德华兹 ‖ 奥巴赫 ‖ 沃尔夫

在2007年的“权力展望”研讨会上，历史学家**艾米丽·爱德华兹**（Emily Edwards）发表了题为《饮食失调症患者是女性主义者吗?：论权力、反抗和女性理想》的演讲。她一开始就谈到了当今的社会情况。她说在我们的社会中，“瘦”是美的一个基本要素。在西方文化中，女性苗条的重要性一直在稳步上升。事实上，她指出“瘦”已经在女性头脑中根深蒂固地成为“女性气质”的同义词，并且同时代表了成功、智慧和意志力。

爱德华兹对四十名已康复的饮食失调症患者进行了研究。她发现，她们已经完全内化了如下观念：如果她们变瘦，生活会更好。而这与英国心理治疗师**苏西·奥巴赫**（Susie Orbach，1946— ）在《肥胖是个女性主义问题》（1978）中取得的发现相呼应。

奥巴赫和爱德华兹强调，女性在杂志、报纸、广告、网络和电视上不断受到媒体的轰炸，被不断地要求减肥。与各种讨论文章并列出现的是“完美”女性的图片，暗示女性只要更认真地“管理”身体，她们也会变成那种形象。

不可能的完美

正如奥巴赫等人指出的那样，“完美女性”只不过是个对于节食、运动、化妆和整容行业有利可图的概念而已。仅在美国，节食和减肥行业在2017年的估值就超过了600亿美元。这些行业通

> 在女性历史上，节食是最有效的政治镇静剂，因为安静的疯子群体最容易控制。
>
> ——娜奥米·沃尔夫

过提出一个无法实现的“理想”，其利润有望不断增长。甚至连它们展示的模特，也与其在现实生活中的形象不符。因为图像通常都经过数字处理，这样她们的身体才会具备“完美”的形态。澳大利亚版《时尚》前主编克里斯蒂·克莱门茨表示，模特承受着保持“异常瘦”的身材的巨大压力，不少人为了消除饥饿感开始吃纸巾，而不是食物。她说，有些人一次饿上好几天，常常虚弱得睁不开眼睛，不得不住院治疗。尽管如此，为了让她们更接近西方文化中的“美女”观念，她们极其纤细的身体在正式出版前仍然要经过数字处理的改造。

奥巴赫指出，全球化本来可能带来许多不同的美丽观念。然而，事实并非如此。全球化不仅将美丽理想浓缩为一种特定的类型，而且还导致这种刻板印象被全世界的人接受并采纳。如今，就连斐济和东京的女性，也同西方女性一样追求长腿、大胸和细腰。

女人为什么在乎模特？

女性在公共领域从事有合理收入的工作以前，主要依靠父亲或丈夫来供养。奥巴赫指出，许多异性恋女性仍然相信：找个男性伴侣一起生活（也许是结婚，并有个孩子）必然是她们未来生活的一部分。她说，“找个男人”由此成为一个难以达成却必不可少的目标，因此会给女性带来恐慌。女性被以各种方式告知，她们正在为男人这一稀缺而必不可少的资源相互竞争，所以她们需要在美女榜上领先，并将其他女性比下去，尤其是那些在美容方面有所疏忽的女性。奥巴赫说，每个女性都被鼓励将自己视为客体，并将身体设定为自我完善计划的重心。女性必须为这个计划付出一生的努力，因为没有一个女人能达到经过数字处理的“理想”状况。她会在外表、吸引力、决心和控制力（因此与爱德华兹提到的成功、智慧和意志力有关）方面永远感到有所缺失，她的自尊和自信将一落千丈。因为正如爱德华兹所指出的那样，“女性气质本身”已经和这个理想联系在一起。如果你不瘦，你就没有女人味，你就没有魅力——所以你就觉得自己一文不值。**娜奥米·沃尔夫**在《美丽神话》一书中说，这正是问题的关键。

沃尔夫认为，女性必须留心“女性气质”这个关键词，谨防自己被指向一种看似“自然”而实际完全由男性建构的观念。这个观念在几个世纪以来已经发生了变化，这不是因为时尚变幻莫测，而是因为出现了对女性独立浪潮的强烈反冲。沃尔夫说，我们被编织进一个美丽神话里，而这只不过是“反对女性进步的政治武器”。父权制需要找到办法，以特定的方式让女性“安分守己”。这不仅是因为资本主义依赖女性在家庭和其他地方从事免费或低廉的劳动，还因为它不愿意公开承认这一点——尽管20世纪的经济学家已然将女性的这种劳动纳入总体经济图景中（参见上文第101页）。沃尔夫引用加拿大裔美国著名经济学家约翰·肯尼斯·加尔布雷斯的话说，女性作为消费者，对“我们工业社会的发展也至关重要”。加尔布雷斯声称，正是出于经济的考虑，“家政被视为女性‘更高的使命’，……因为经济原因而必不可少的行为被变成一种社会美德”。

沃尔夫认为，资本主义和父权制在此携手合作，制造出消费者、廉价劳动力以及有偿男性劳动者家中的无偿劳动帮手。不断变化的“女性气质”观念是用来控制女性的工具；让她们认为父权制资本主义制度想要从她们身上得到的一切都是“自然的”，而实际上这是一种“社会胁迫”。沃尔夫说，美丽神话“根本与女人无关，而与男性制度以及制度权力有关”。

重点思考题

“美人”的长相谁说了算？

直到各国开始工业化进程，男权才开始受到女性的威胁；在此之前，所有机构（政府、企业、宗教、文化和教育机构）都由男性以绝对权威的方式管理着。但是随着18世纪中期到19世纪中期的工业革命的发展，女性开始进入公共领域。以前，她们在自己家里或别人家里工作——既有无偿劳动，也有有偿劳动（如洗衣服和其他计件工作），但现在她们开始在外面寻找工作，然后就开始要求选举权了。

独立和身体形象

沃尔夫说，在1920年左右，世界各国妇女开始要求（并赢得）选举权，同时也产生了女性应该变得更瘦的文化观念，这并非巧合。沃尔夫提到了女性主义时尚史学家安妮·奥朗德的著作，因为奥朗德首先发现：在这段时间之前，人们对女性美的观念是非常不同的。15至17世纪的艺术作品所描绘的“美”女有着“丰满的腹部”，18至19世纪的“美”女有“丰满的脸庞和肩膀”。她们看起来健康强壮。然而，奥朗德指出，在1918至1925年间，“新的流线型身材以惊人的速度取代了更具曲线美的形式”。突然之间，对女性的视觉描绘呈现出“病态的模样、贫穷的模样和紧张疲惫的模样”。

沃尔夫认为，每当女性多获得一点工作、金钱和独立的权力，父权制就必须找到一种方法，来消除女性的这种权力感。它通过挑战女性来检验她们的“女性气质”，达到了自己的目的。在整个19世纪和20世纪初，它一直通过母性、家庭生活、贞操和被动的神话，提出了“女性气质”的问题。

20世纪50年代，由于家庭崇拜的思潮兴起，那些在40年代活跃于公共领域工作场所的女性又重新回归家庭（为从第二次世界大战归来的男性腾出工作岗位），直到后来才又被贝蒂·弗里丹唤醒（参见上文第133页）。沃尔夫认为，值得注意的是，在女性安稳地回归家庭的这段时间里，男性对女性身材的控制有所放松，女性可以变得丰满，而不会受到嘲笑。但是，后来女性看穿了家庭生活的神话，一再要求过更充实的生活，“集体回到男性领域”时，社会就推出了一个“紧急的权宜之计”，让男人放弃了对女性

女性被告知，她们必须不断努力“完善”自己的外表

曲线美的喜爱。为了实现先前的家庭生活所具备的强制功能，他们编织了美丽神话。沃尔夫说，这是一个非常阴险的举动，因为利用这个神话，他们把监狱内化到女性内部了。曾经被锁在家庭“监狱”里的女性，现在被锁在自己身体的监狱里，试图不断地关照身体，评估身体，以一种永无止境的方式改变身体，以实现一个完全无法达到的目标。沃尔夫说：“无穷无尽却转瞬即逝的美丽取代了无穷无尽却转瞬即逝的家务劳动。”

沃尔夫断言，“瘦之所以在美丽神话中扮演着如此重要的角色”，是因为它能占用女性许多注意力和时间（让男性去做其他事情），并不断提醒她们，她们的价值取决于她们的吸引力，进而取决于她们与“理想”美（由男性建构标准并判断她们的吸引力和“价值”）的接近程度。它使她们为争夺男性这个资源而相互竞争，因为她们被告知，她们需要这个资源（拥有男人才能向其他男人和女人证明自己的价值）；沃尔夫指出：“它能让女性保持沉默。”沃尔夫引用了研究人员J. 波利维和C. P. 赫尔曼的研究成果：长期和周期性的热量限制都会导致被动、焦虑和情绪化。沃尔夫说：

“这三种反应恰恰是主流文化为了消除女性解放所造成的危险，在最近得到解放的女性自我意识中制造出来的。”

女性主义浪潮让女人意识到：她们的价值远远超过包围她们的文化所认定的价值。她们更强烈地要求获得更大的自由。但是，父权制资本主义依赖女性的无薪和低薪劳动，因此，它必然要说服女性：她们的价值不是更高，而是更低。美丽神话告诉女性：除非她们像社会要求的那样美，那样瘦，否则她们就真的没有多少价值，所以她们必须努力完善自己的身体。沃尔夫说，这就是针对女性主义的反冲。那种认为你应该永远努力变得更瘦、更漂亮、不再留“多余毛发”的想法，以及所有让你分散注意力的耗资耗时的想法，实际上都是为了避免让你对父权制构成威胁。

抉择时刻

“肥胖可能是一种反叛，”奥巴赫在《肥胖是个女性主义问题》中写道，“我的脂肪对所有想让我成为完美妈妈、甜心、女仆和妓女的人说：‘去你的。’请接受我真实的模样，而不是我应该成为的模样。”沃尔夫说，我们需要记住，我们正在被编进一个神话里，它出于经济和社会控制的目的，让我们对它着迷。她说：“从根本上说，美丽神话与外表、节食、整容或化妆品无关。”“如果我们明天就全部回到家里，说着我们从来都没有真的要过自由——我们不要工作，不要自主权，不要性高潮，不要金钱——美丽神话会立刻消退，变得更加舒适。它其实一点都不关心女性的体重。”而一旦女性要求获得自由，美丽神话就会继续困扰她们。无论你体重多轻，你都会觉得自己胖。

如果男人能生孩子，是否一切都将改变？

勒纳‖尼乌克‖博登‖德莱尼‖卢普顿‖托斯

根据历史学家**格尔达·勒纳**（Gerda Lerner，1920—2013）的说法，为了颂扬女性性行为的神圣和女性令人难以置信的生育能力，中东地区早期曾流行崇拜大女神，女人被尊为有权势的人。不幸的是，从那以后，女性的地位就每况愈下。宗教的发展表明，女性的生殖系统意味着她们永远被禁锢在肉体层面，从而无法成为有灵性（或有智力或有理性）的人。

有时候，男人真的显得很左右摇摆。女人到底是强大得吓人，还是软弱得令人难以置信、不值一提？甚至世界上最大的几家宗教也在努力解决这个问题，因为它们往往以强大的母亲形象为特点，却否认世俗女性在制度层级中拥有任何实际权力。印度教万神殿承认两种形式的女神：孕育神，如帕尔瓦蒂和悉多；凶神，如迦梨。迦梨戴着颅骨做成的项圈，穿着被肢解的手臂串成的裙子，经常被描绘成站在湿婆身上，似乎要把湿婆踩死（有点类似社会对于女性主义者的刻板印象）。在这里，女性被“显示”为一个强大的弑男者，如果她被给予充分的统治权，就有必要先将她社会化，使她变得温顺（不让她的头脑充满危险的女性主义思想）。印度教学者可能会耐心地解释，迦梨女神代表了杀死自我的需求，她在故事中只杀恶魔。她之所以站在湿婆身上，是以一种隐喻的方式将其“有形”或身体与湿婆的“无形意识”相对比。然而，这些学术注脚在很大程度上被西方评论家忽略了，他们只看到她可怕的化身，便宣称她是死亡、性和暴力的代名词（2017

站在湿婆身上的迦梨女神

年版《大英百科全书》等权威文本仍在延续这一观念）。

迦梨这一形象有助于我们理解身体是如何在权力动态中发挥作用的，因为她不仅代表了男性对女性权力的恐惧，同时也代表了对湿婆所代表的“意识”或灵性的“身体”的压制。传统社会把男人视为有思想有才智的人，把女人则视为困于身体的人，这种观念在大多数宗教中起着核心作用。例如，在基督教中，男人在等级制度中被视为高于女人，因为男人是精神上的存在，所以更接近上帝，女人则由于月经和分娩而根植于肉体，所以更接近动物。仅仅因为女性受制于自己的身体，女性在宗教上就比男性地位“低”，这是永远不会改变的。1995年，梵蒂冈教宗解释说，他无法为女性打开在天主教堂担任牧师的大门，因为“只要这种角色分配的多样性不是任意强加的结果，那么它就不属于歧视女性，而只是对男性和女性特有的东西所对应的不同角色的表达”。所谓女性特有的东西指的便是身体。

女性周期性出血会引起错觉。
——16世纪瑞士炼金术士帕拉塞尔苏斯

在某些宗教文化中，女性的身体及其必要的生殖器官被认为如此诱人，以至于必须加以掩盖。正如人类学家和宗教专家**卡林·范·尼乌克**（Karin van Nieuwkerk）基于这一视角所提出的看法：“无论女人做什么，她们首先被认为是诱人的身体。”男性的身体被认为具有多个维度（例如，他们能够在经济或政治领域内有所作为）；女性则“即使没有多余的动作，只是在男性空间里行走或工作，也会被认为是性的存在”。

普林斯顿大学宗教生活系主任**艾丽森·博登**（Alison Boden）表示，在某些宗教文化中，女性深陷“身体”和性行为的刻板印象是如此根深蒂固，以致人们认为男性在面对女性时有失去自我控制的危险。

在不同时期和不同地方，社会为了解除女性的诱惑（及其影响男性追求更高目标的能力），所动用的方法不外乎将女性排除在男性活动范围（无论是工作场所还是家里）之外。博登指出，文艺复兴时期的意大利和今天的许多国家都是如此。同样，今天经常与伊斯兰教联系在一起的面纱，实际上起源于希腊、罗马和波斯等古代印欧文化。中世纪西欧的城市女性穿着完全覆盖身体的衣服，只能露出面部。这种造型在今天的罩袍中得到了呼应，成了西方修女的经典着装。

身体的诅咒

纵观历史，女性的身体对属于任何国家和信仰的男性来说，都构成了问题。它反映了一种矛盾，即女性既被视为非常强大的存在，又被视为非常软弱的存在；既被视为非常诱人，又被视为非常令人恶心。这一点在当今每个国家仍然存在的有关月经的禁

现在的面纱普遍与伊斯兰教联系在一起，中世纪西方妇女曾戴过它，现在的西方修女仍然戴着它

忌中尤为明显。《圣经·利未记》第15章告诉我们："女人行经，必污秽七天……凡摸她床的，必不洁净到晚上，并要洗衣服，用水洗澡。"公元73年出现的第一部拉丁文百科全书宣称，如果接触到经血，"新酒会变酸，作物会枯萎，嫁接作物会死去，花园里的种子会干枯，树上的果实会脱落，兵刃会变钝，象牙的光泽会变暗，蜂群会消亡，甚至青铜和铁会立刻被锈蚀"。等一下，女人们可能在喊，没那么糟！月经怎么会如此强烈地抓住男性的想象力？

在女性主义文本《诅咒：月经的文化史》(1976)中，社会学家**珍妮丝·德莱尼**(Janice Delaney)、**玛丽·简·卢普顿**(Mary Jane Lupton)和**艾米丽·托斯**(Emily Toth)探讨了有关月经的禁忌。她们发现，"西方科学之父"亚里士多德曾宣称：男性在生殖中的作用是提供"活性物质"(精子)，而女性的作用是被动接受，因而他确信男性更优越。女性在性生活中似乎不会产生任何东西，所以人们认为精液是一种活性的、有生产力的物质。另一方面，女性的经血则与流产和缺乏生命力联系起来，因此被认为是"退化的"，意味着一种走向死亡的被动性。(这可能是那些顽固神话的一大源泉："男人是积极且富有生产力的，而女人则是被动的，什么都不做。")

接着，子宫也成为人们关注的焦点，被看作是导致女性软弱女人，不要感到羞愧……你们是身体的大门，你们是灵魂的大门。

——沃尔特·惠特曼

无能的原因。波斯医生和哲学家伊本·西纳曾说："子宫是女性的弱点。"到18世纪，英国医生约翰·弗里德把经血和歇斯底里症联系到一起。他的推理表明，如果男人流那么多血，他们也会"歇斯底里"。一种新的观念由此出现：女性的出血倾向不仅是导致软弱的原因，也是导致精神紊乱的原因。女人由于她们的身体，自然是歇斯底里的（这个观点一直传到弗洛伊德，促成精神分析学科的建立）。

在男性关于女性生殖器官的理论的长期影响下，许多女性开始信以为真。也许，经血不会导致水果从树上掉下来，但这仍然是严格的禁忌话题，即使在女性之间也不应该谈论。世界各地反"月经贫困"的运动人士认为，有关月经的禁忌正在使女孩失去受教育的机会。女孩因为买不起价格不菲的卫生用品，往往无法上学，她们不得不用破布、报纸和塑料袋来对付经血，以防经血渗入衣服。2017年，世界各国都有女孩面临着这种情况，只有印度和肯尼亚的女孩除外，因为这两国的政府开始通过由学校提供免费月经用品来解决这个问题。

重点思考题

如果人类由男人生孩子，女性会有经济优势吗？

而在其他地方，这一问题被“优雅”地忽略了。买不起卫生用品的女孩因为经期“旷课”和长期无法取得学业进步而受到惩罚。

抉择时刻

格洛丽亚·斯泰纳姆说：“父权制——或者随便你怎样称呼，这个制度声称存在男性气质和女性气质，还会说其他各种胡话——与控制生育有关。每门经济学课程都不应该从生产开始学起，而应该从生育开始说起。”作家安吉拉·卡特说得更全面，她说：“如果男人能生孩子，他们就不再是男人了。他们将成为‘他者’。”

我真的需要脱毛吗？

霍普 ‖ 托里恩 ‖ 威尔金森 ‖ 德沃金 ‖ 迪内斯

女性主义者总是对新文化规范的形成感到好奇。20世纪80年代末，消费市场推出了triple-X脱毛蜡，又称全身巴西脱毛蜡。于是，女性对身体的处理方式及其与媒体描述（这里指色情描述）之间的潜在联系，又重新成为人们研究的问题。直到1990年左右，主流男性杂志上展示的女模特都带有体毛，但2000年之后，这一现象几乎完全消失了。这些事情有联系吗？

在《高加索女性体毛与美国文化》（1982）一文中，女性主义者**克里斯汀·霍普**（Christine Hope）调查了女性脱毛的历史。她提出，最有助于我们理解某种特定文化的东西，恰恰是被看作“理所当然”的日常习俗，所以脱毛问题值得关注。她发现：第一次世界大战前，并不存在女性脱腋毛或腿毛的现象，而到了1945年，这却变成女性司空见惯的做法。她还发现：历史上存在三个显著的“脱毛时期”（1915至1919年脱腋毛运动出现；1920至1940年腿毛被接受；1941至1945年腿毛遭轻度排斥），它们恰恰与女性在政治和经济上取得重大进展的时代重合。此时，妇女获得了选举权，进入了公共的工作领域，脱掉了紧身衣。霍普认为，在强调男女之间的“差异”时，女性“光滑的皮肤”有助于男性更坚定地站到女性的对立面；因此，作为一种文化实践，脱毛既可以增加女性气质，又可以使女性远离男性的活动范围，使男性不受侵扰。新的脱毛实践（如全身巴西脱毛蜡）显示出的是对女性主义成果的文化反冲。

霍普认为，20世纪初的脱毛运动虽然与美国人对清洁的关注有关，但它似乎也反映了“美国人的性别角色观念”。她指出，有两个因素对脱毛的流行起到了促进作用。首先，被定义为“男性气质”的特征（比如独立性、攻击性、客观性）被自动定义为“非女性气质”，反之亦然。为了保持“女性气质”，女性在不经意间否认了自己身上的“男性气质”。其次，社会存在这样一种倾向 :“把成年人看作男性，把女性和非成年人混为一谈。”霍普说，在一项社会实验中，人们被要求详细描述三类有社交能力的成熟成年人（男性、女性和性别不明的成年人）的特征。实验对象给出的男性特征和成年人特征非常相似，包括“很强势”、“很客观”和“不容易受他人影响”等。

另一方面，与成年女性有关的特征包括“很顺从”、“很主观”和“容易受他人影响”。霍普和实验者得出的结论是，这使得女性处于自我矛盾的境地 : 如果她们选择表现出男性和成年人身上的积极特征，那么她们的女性特征就会受到质疑（成为一个“偏离常轨”的女人）。如果她们选择“按照规定的女性方式行事，那就等于要接受二等地位并生活在谎言中”。

霍普指出，女性被告知该脱毛，其实意味着女性被要求“摆脱某些成年人的身体迹象”。她们被告知，只有当她们看起来更年轻（因此更弱小）、更“女性化”、更顺从，她们的身体形象才对男人最有吸引力。为什么男人会希望女人这样，或者说男人的这个愿望代表了什么？霍普并没有继续深究下去。

> 如果你问 :“为什么21世纪的女性觉得她们得脱去阴毛?”答案是 :“因为在色情片里，女人都是这样的。”
>
> ——凯特琳 · 莫兰

男性权力是色情制品存在的理由；
女性的堕落是男性实现这种权力的途径。

安德里亚·德沃金

恶心还是迷人?

2004年，社会学家**梅兰·托里恩**（Merran Toerien）和**苏·威尔金森**（Sue Wilkinson）的研究表明，女性对体毛的反应已经走向了极端；她们用“恶心”“令人作呕”“令人厌恶”等词来形容体毛。那时，从美国到澳大利亚等国，彻底去除阴毛已经成为大众美容的一个项目，甚至成为青少年杂志上讨论的话题。托里恩和威尔金森在文章《探索脱毛规范：女性脱毛的定性问卷调查》中指出，青少年网站上挤满了十几岁的女孩，询问她们是否“应该”剃掉阴毛，而诸如《欲望都市》等热门电视节目，则以讨论这个话题为特色。托里恩和威尔金森说，广告和社会评论“将脱毛视为一种迷人、性感和如释重负的行为”，但这是女性自己的看法吗?

女性主义研究者纷纷注意到，在20世纪90年代，阴毛在男性成人杂志上逐渐消失。他们还特别注意到，在2000年左右，有一种媒体的受众激增：色情网站。据《无数邪念》的第一作者奥吉·奥加斯博士所言，世上第一个色情网站是在1994年建立的，而到2010年，色情搜索占到了网络搜索的14%。截至2012年，仅xvideo网站每月的浏览量就达到了44亿次。这是一种强大且触及面甚广的文化传播媒介，所有色情片的“烧钱镜头”都要求阴毛不能掩盖阴茎抽插。“直奔阴部”是色情片的实际需要。

女性主义与色情

多年来，自由派和激进派女性主义者一直在争论色情行业对女性的物化，以及色情到底是拓宽还是削弱了女性对性的探索，抑或对她们的自主权构成了威胁。德鲁拉·康奈尔等自由派女性主义者，主张言论自由倾向于反对用法律限制色情制品。另一方面，如卡罗琳·布隆斯坦等激进派女性主义者从更系统的角度分析了绝对色情制品的增长。她们认为由男性制造，基于男性视角，为男性谋利的绝对色情制品，是对女性平等进步的更广泛、更有系统性的反冲表现之一。激进分子认为，这是一场精心策划的运动的一部分，目的是要让女性待在她们被限定的社会活动范围内："让她们安分守己。"**安德里亚·德沃金**等激进分子认为，通过将女性描绘成"引起男人勃起的对象"，同时允许男人肆意地对待"那个对象"，甚至可以使用暴力，色情制品使女性在所有男性观者眼中堕落并丧失人性。

重点思考题

为什么你的伴侣希望你看起来像未经青春期的女孩子？

网络色情和全身巴西脱毛蜡之间的关系仅仅是一种巧合，还是有着密切的联系？女性主义社会学家**盖尔·迪内斯**（Gail Dines，1958—　）对色情行业进行了广泛的研究和书写，她声称色情业的广大受众正在影响人们对现实世界的期望。她说，互联网改变了一切。她在TED演讲"成长于色情文化中"中谈及，就连人们日常浏览的入门级色情网站上的"常规"主流色情制品，通常都不论长幼，充满对所有女性的暴力行为。鉴于男孩开始观看色情制品的平均年龄是十一岁，迪内斯说，这意味着色情制品已经成为儿童性教育的主要形式，他们正在通过这些网站了解"作为一个男人（或女人）应该是什么样子"。网络色情开始支配男孩和男人对女人应该是什么样子（包括外表）的看法，以及他们该如何对待女性。迪内斯说，网络色情制品告诉男孩和男人，女人总是"做好了准备"，

她们的女性气质使她们“天生”顺从。她们已经准备好被动接受。

迪内斯发现，其结果是男孩在身体和情感上变得麻木，他们与人维持亲密的能力受到限制，变得越来越抑郁；而女孩和妇女则发现自己在性方面被期望以非常特殊的方式行事。2016年，接受《国际澳大利亚计划》和《我们的观察》杂志调查的女孩表示，要在现实生活中满足男孩在网上看到的形象（拥有色情“明星”的夸张外表、角色和行为，把自己的身体仅仅作为性辅助工具呈送给他们），她们感到压力很大。在被问及第一次性经历时，一名接受调查的女孩说:“我觉得我的身体看起来还不错，他似乎很喜欢。”她的这番简短回答在西蒙娜·德·波伏瓦看来将完全缺乏作为主体的自我意识和能动性，完全没想到女人也应该在这种经历中获得快乐。

抉择时刻

迪内斯声称:“这种文化正在将年轻女孩社会化……让她们把自己变得过度性感和色情化。”它要求女孩看起来像色情明星，包括“全身脱毛”。另一方面，“沃斯全球时尚网”的时尚趋势预测专家艾玛·贝利认为，女性应该将反对脱毛视为一种一举两得的事业。“随着女性对自己的身体变得更加自信，她们摒弃了男性社会强加给她们的女性气质概念的束缚，她们的体毛正成为她们重获独立和话语权的工具，这是一种日益坚定的身体态度的表现。”

如果我怀孕了，别人能决定我该不该把孩子生下来吗？

威蒂格 ‖ 米利特 ‖ 贝桑特 ‖ 雅各布斯 ‖ 桑格 ‖ 芒迪 ‖ 舍温 ‖ 波伏瓦 ‖ 汤姆森

2012年10月，一位名叫维塔·哈拉帕纳瓦的孕妇因严重腹痛和先兆流产住进爱尔兰的一家医院。虽然她已无法继续妊娠，但因为胎儿仍有心跳，此时引产属于非法，所以医生无法对她施行引产手术来挽救她的生命。几天后，维塔就流产并最终死于血液中毒。她就这样死在21世纪的一个富裕国家里，身边有着挽救其生命的所有医疗设备。她丈夫说："我们必须改变法律。"世界各地成千上万的抗议者都同意他的观点，而堕胎对女性主义来说更是一个独特的问题。

维塔去世之时，爱尔兰法律规定，即使在"复杂情况"下，如怀孕涉及强奸、乱伦、致命的胎儿畸形或危及母亲健康，终止妊娠（堕胎）仍属非法行为。而有些国家虽然宣布堕胎为非法行为，但在上述类似情况下，则允许堕胎。今天，世界各地许多女性仍面临全面禁止堕胎的法律条文。例如，在马耳他和海地，堕胎在任何情况下都是非法的，即使女性处于生命危险之中也无法例外。在萨尔瓦多，政府严防女性堕胎，以致流产或死产的女性经常被怀疑故意堕胎，最长可被判处四十年的监禁。1998至2013年间，萨尔瓦多有600多名女性因流产而遭监禁。

必要的自主权

在20世纪60年代，法国的**莫妮卡·威蒂格**（Monique Wittig，1935—2003）和美国的**凯特·米利特**等第二波女性主义者将生育

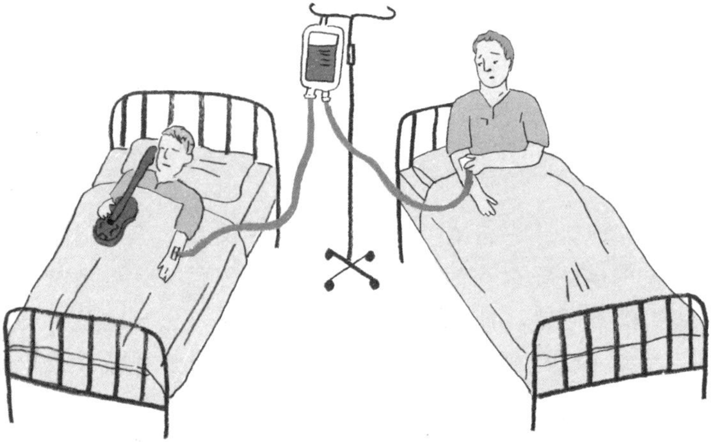

朱迪丝·贾维斯·汤姆森提出了这样一种类比：有一天晚上，一家音乐协会的人绑架了你，把你安置在一张病床上。你是唯一一个血型匹配的人，你的血液可以挽救一个垂死的小提琴演奏家。他们用你来维系他的生命，如果你拔掉抽血针头，他就必死无疑。在这种非自愿的情形下，你是否有道德义务留下来？小提琴家的生命权是否凌驾于你的决定权之上？

政治作为女性主义运动的核心。她们说，女性必须对自己的身体拥有自主权，任何人都不应该控制别人的身体。这适用于任何情况，而不仅是“复杂情况”。包括在女性怀孕之时，孕妇也必须保有控制自己身体的决定权。“免费避孕和对堕胎的诉求”是英国女性解放运动最初提出的四项要求之一，并于1970年在英国第一次全国妇女大会上获得一致通过。

在美国，芝加哥妇女解放联盟为了应对越来越危险的“后街”堕胎，建立了地下安全堕胎服务机构，正式名称为“堕胎咨询服

只要女人不能控制自己的身体，她就不能称自己是自由的。

——玛格丽特·桑格

务处”，并以“简”为代号在女性中广为流传。1995年，劳拉·卡普兰出版《简的故事》一书，记录下该机构的前世今生。

这些第二波女性主义者认为，促使女性考虑终止妊娠的原因有很多，包括（在某种关系或环境中）缺乏人身安全、健康状况不佳、缺乏经济来源（抚养子女）、没有家庭支持（使其能够兼顾工作和抚养子女），或有严重心理问题（特别是强奸致孕的情形）。

工业化和家庭规模

女性主义历史学家埃斯特尔·弗里德曼在著作《永不回头》（2002）中追溯了堕胎的历史，指出堕胎一直是人类生活的一部分。即使在早期的采集和狩猎部落中，各社群也会由于粮食供应短缺而设法限制生育，包括利用草药来避孕或堕胎。但是自从农业时代在大约12 000年前开始，尽管堕胎很容易，而且不受宗教或世俗法律的谴责，但是儿童作为劳动力是有价值的，所以家庭规模开始不断扩大。在北美，直到1880年，所有州都允许堕胎，而报纸上充斥着堕胎药和从事堕胎服务者的广告。唯一的限制条件是堕胎必须在“胎动初觉”之前，即孕妇感觉到胎儿在子宫里活动之前。这意味着生命开始的时间由母亲来决定。

弗里德曼说，虽然天主教会也承认“胎动初觉”是“灵魂赋予”之时，但是它还是在1869年宣布彻底禁止堕胎，从而彻底改变了世态。与此同时，西方人受到工业化的影响，对“理想家庭规模”的看法也发生了改

重点思考题

除了女人自己，应该由别人决定她的身体该如何使用吗？

变，以致每个家庭从七个左右的孩子降至四个。无论男女都希望少生孩子，然而此时堕胎却已变成非法行为。在英国的**安妮·贝桑特**（Annie Besant，1847—1933）、荷兰的**阿莱塔·雅各布斯**（Aletta Jacobs，1854—1929）和美国的**玛格丽特·桑格**（Margaret Sanger，1879—1966）等人的努力下，避孕用具的开发和销售开始使女性获得了控制生育的新方法。

反冲

然而，随着儿童数量的下降，世界上许多国家的政府开始担心本国人口减少，无论是在东方还是西方，政客开始将避孕和堕胎定为犯罪行为。尽管苏联曾提供过合法堕胎服务，但在20世纪50年代，它也为了增加人口而禁止堕胎。

由于社会倡导一种颂扬母亲的文化姿态，并把寻求避孕的女性贬低为自私的“寻欢作乐者”，因而女性被鼓励去生育更多的孩子。不过，这并不是事情的全部真相，因为只有某些女性群体被鼓励生育更多的孩子，而贫困女性、有色人种女性和有残障或精神疾病的女性不仅受到劝阻，而且有许多人被威逼或强迫绝育。在美国，学者亚历山德拉·斯特恩和米罗斯拉夫·查韦斯-加西亚的研究表明，在1909至1979年间，仅加利福尼亚州就有2万多人被施行绝育手术。无独有偶，除了美国，欧洲、拉丁美洲、日本、中国和俄罗斯都采用了优生计划。

绝望的选择

由于所有这些原因，当国家试图干涉生育时，无论男女都会理所当然地怀疑政府的动机。从19世纪80年代到20世纪70年代，

> 在受孕之时和怀孕之初，也就是在“胎动初觉”出现之前，竟然没有人相信人的生命已然存在；甚至连天主教会也不这么认为。
>
> ——莱斯利·J. 里根

尽管堕胎几乎在任何地方都是非法的，女性仍在继续寻求堕胎。

据学者估计，在20世纪60年代，仅在美国每年就有100万女性进行非法堕胎，实施者是不熟练的后街堕胎技师或孕妇本人。这些非法堕胎手术的过程非常危险，造成全球大量女性死亡。资深女性主义运动者**戴安娜·芒迪**（Diane Munday，1931—　）忘不了其中的恐怖，以及女性的死亡是如何被掩盖的，因为非法生育和堕胎都带有巨大的耻辱。对孕妇而言，这些选择都暗含巨大的危险。

根据L. B. 哈达德和N. M. 努尔的研究，在世界部分地区，非婚生育仍然会导致女性被赶出家门，无法生存。因此，非法堕胎继续大量发生。在论文《不安全堕胎：不必要的孕产妇死亡》（2009）中，她们将非法堕胎描述为一种“绝望的选择”，如今全世界每年仍约有六万八千名女性死于不安全堕胎，另有五百多万人遭受长期的并发症折磨。在委内瑞拉，堕胎是十二至四十九岁女性的第二大杀手；而在印度，每天约有十名女性死于不安全堕胎。

要两个人才能怀孕

1991年，女性主义哲学家**苏珊·舍温**（Susan Sherwin，1947—　）发表了《女性主义伦理视角下的堕胎》一文，她指出在对待堕胎的方法上，女性主义与其他运动或学科不同，因为女性主义重点分析的是女性如何怀孕。她认为，女性应当有自主权，而其自主权要有意义，就必须包括堕胎的自由，原因在于女性的从属地位使她们难以拒绝男性对她们身体的性接触。她说，反堕胎运动可能会要求女性“选择拒绝性生活”，但这未免过于简化了现实。性胁迫是一种常见的做法，尽管有些女性可能甚至没有意识到这一点，因为她们已经被社会化，成为顺从和顺应男人愿望的人。女性还受到生育胁迫（这是一种亲密伴侣之间的暴力行为，指的是男性伴侣为了使女性怀孕，不顾女性的反对，强迫女性进行不受保护的性行为）和强奸的威胁。女性有可能意识到自己遭受了生育胁迫（当男性使用威胁手段时），也可能意识不到（在避孕方法被以某种形式破坏的情况下）。

舍温说，虽然女性无法完全控制自己的性生活，她们却仍然要负责照顾意外怀孕出生的孩子。这意味着女性被置于一种窘迫的境地，一方面需要经济稳定，另一方面又无法工作（除非她是为数不多的高收入女性，可以负担得起儿童保育的开支）。舍温说，当一名女性被剥夺堕胎的权利，手头又没有可观的存款时，她就只能被迫与相关男性建立一种性忠诚的关系，从而进一步延续了压迫的循环。

结束耻辱

20世纪70年代，法国女性决定终结堕胎给女性带来的耻辱，其中343人在一份日报上发表声明，证明她们每个人都堕胎过。**西蒙娜·德·波伏瓦**名列榜首。几个月后，西德女性发表了一份类似的声明。到20世纪70年代末，法国、西德、意大利、印度和英国都放宽了堕胎法。1973年，美国发生了著名的“罗伊诉韦德案”，法院裁决州政府不得干涉女性在怀孕后的前六个月选择堕胎的权利。在这项裁决下达的一年后，美国女性的堕胎死亡率从0.018%下降到0.001%。

我的身体我做主

抉择时刻

交叉性女性主义者已经开始关注“生育公平”而不是“自由选择”的概念。她们指出，如果社会能更多地支持母亲和儿童，帮助孕妇和母亲继续工作或接受教育，获得医疗保健，并生活在安全的家庭环境中，那么这种社会改善必然会带来堕胎数量的减少。激进女性主义者和社会主义女性主义者可能会为这一目标喝彩，她们会说，尽管事实并非如此，女性也不应该只剩下“绝望的选择”。她们还重申了美国哲学家**朱迪丝·贾维斯·汤姆森**（Judith Jarvis Thomson，1929—　）提出的道德论证：如果女性有权支配自己的身体，那么她们就有权不让别人违背她们的意愿使用她们的身体。这意味着，只要这些权利在政治上和法律上得到保障，当你发现自己怀孕了，只有你有决定做什么的自由。

我为什么害怕走夜路？

沃尔拜 ‖ 麦克金农 ‖ 米利特 ‖ 里奇 ‖ 德沃金 ‖ 布朗米勒

对于女性遭受熟人或陌生人暴力侵害的问题，女性主义者的观点与主流媒体的描述大相径庭。在《父权制理论》（1990）一书中，**西尔维亚·沃尔拜**指出：“传统观点……认为强奸和家暴是少数有心理问题的男性造成的孤立事件。”然而，沃尔拜继续解释说，在女性主义视角下，“男性对女性的暴力被认为是控制女性的体制的一部分”。这一体制就是父权制，女性主义者认为，暴力威胁是维持这一制度的最有力工具。

沃尔拜提请读者注意父权制的不同形式，并对其提供了统一的分析。她说，父权制有六种运作形式：在家里（女性被要求提供免费劳动，满足男性伴侣的期望）；在工作场合中（女性将遭遇薪资、惯例和待遇方面的歧视）；在国家层面（法律从根本上偏向男性）；通过父权制度（包括宗教、教育和媒体，这些机构从男权视角来定位女性）；父权制的性关系（不同性别需要遵从不同的社会规范和期望）；男性暴力。沃尔拜说，最后一项并不是随机的，也不能归因于个别男性的意图，因为它是在模式化和系统化的标准中运作的。

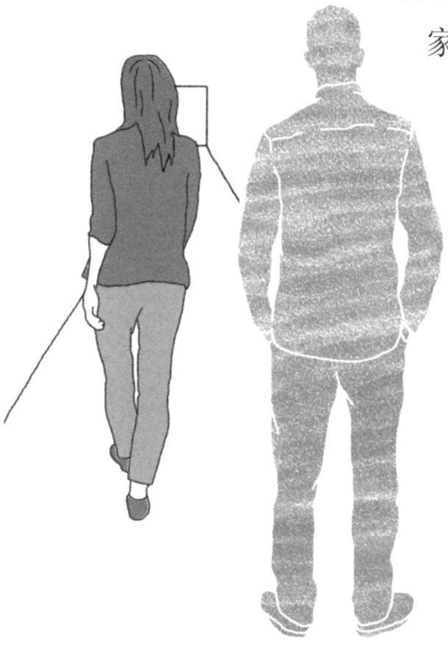

沃尔拜研究了诸如**凯瑟琳·**

麦克金农、**凯特·米利特**和**阿德里安·里奇**等激进女性主义者的著作，发现这些作者都认为，男性在性方面物化了女性，把女性贬低为“纯粹的性对象”。她们说，这种物化超越了传统的性活动场所，延伸到生活的各个领域（包括工作场所），以致女性经受了各种形式的性骚扰。在父权制中，异性恋的作用是建立男女间权力相互作用的方式，它由此被沃尔拜描述为“男性支配女性的核心制度”。这意味着性和权力相互作用的方式有着内在的联系。沃尔拜指出，**安德里亚·德沃金**通过调查异性恋色情作品探讨了这一联系，并发现它通常包含“对相关女性的暴力性支配和羞辱”。沃尔拜认为，如果男性与女性发生性关系并支配她们，“性就成为男性支配女性的领域或媒介”。

社会结构的组成部分

沃尔拜认为，男性对女性的暴力行为——包括强奸、性侵犯、亲密伴侣间的暴力行为、性骚扰和儿童性侵——必须被理解为父权社会结构的重要组成部分。她说，这些行为是一个连续体，一端是向女性吹口哨的男性，另一端则是强奸与儿童性侵。问题在于，为什么有些男性会攻击女性而有些男性不会呢？沃尔拜发现，有一种分析观点认为，这是因为实施强奸的都是有严重心理问题的男性，他们童年时就出了问题，“没能形成正常的男性气质”。

好玩的是，我遇到的每个男人都想保护我。真搞不懂他们这种想法是怎么来的。

——梅·韦斯特

沃尔拜质疑，如果是这样，为什么大多数强奸犯不会在法庭审理期间或之后被移交给精神科医生呢？为什么强奸并没有被认为是一种极端的心理现象呢？而且，这种说法只能解释极少数强奸案，而每个社会的强奸案数量都很高，世界卫生组织2016年发布的全球数据显示，全世界约35%的女性经历过身体和/或性的暴力。

沃尔拜注意到，另有一种理论称，实施强奸者的阶级背景是问题的答案。其观点是，处于阶级底层的男性之所以对女性采用暴力，是因为他们所处的环境让他们感到挫败。在极端的经济压力下，他们会用暴力对待自己的女性伴侣。这一理论经过进一步发展后得到的变体是：在社会秩序的底层，工人阶级男性由于与社会制度的疏离，形成了与其他阶级男性不同的价值观，造成一种异常的暴力亚文化。如果阶级真的是强奸发生的理由，那么将有很高比例的工薪阶层男性是强奸犯，可是这一点并没有得到证据的支持。沃尔拜指出，1982年，黛安娜·罗素成功开展了一项关于“暴力强奸妇女案和强奸妇女未遂案的普遍情况和发生率”的研究，结果表明，强奸犯在各个阶层的分布是平均的。

同样的研究还表明，强奸犯也不存在种族分布上的差异。虽然也有人试图把种族问题与强奸的发生相联系，但是不同种族的强奸犯在人口中所占比例相当。其实，阶级和种族的争论都不能解释为什么男性强奸犯要把他们的“挫败”发泄在女性，而不是一般人群身上。沃尔拜说，关于为什么男人会对女人发动性攻击，任何可信的理论都必须考虑性别和性的基本因素。

强奸的正常化

1975年，激进女性主义者**苏珊·布朗米勒**（Susan Brownmiller,

1935— ）出版了一部关于强奸的历史巨著：《违背我们的意愿》。她发现，在古巴比伦和其他文化中，强占和强奸妇女的现象极其普遍，因而出现了一种特殊的“彩礼”习俗：向女人的父亲支付一笔钱，作为新娘价值遭到贬低的补偿。根据古巴比伦、古希伯来和古希腊的法律，彩礼的价值为50枚银币。布朗米勒写道，强奸就这样被写进法律，成为针对新娘父亲的犯罪——“侵占了他女儿在市场上的合理价格”。强奸也成为战争中获胜者的常见行为（今天仍在继续），它证明了另一个民族的彻底失败（被征服的男人甚至无力保护“他们的”女人），并在被征服者的血脉中引入了征服者的基因。布朗米勒认为，强奸被男性视为征服者的行为，让他们感到巨大的成功。

重点思考题

为什么男人对于女人想要什么的观点会凌驾于女人的真实需求之上？

布朗米勒还追溯了追究强奸责任的历史，因为这一责任从最开始的完全由男人承担，转而以某种方式扯上了女人。例如，在古希伯来文化中，一个被强奸的已婚妇女要和强奸犯一起被石头砸死。长老给出的理由是：“如果女孩有在被侵犯的过程中尖叫，她就会获救。”布朗米勒注意到，在今日世界各地的法庭上，人们

> 尽管她用身体抗议和挣扎，他还是强行进入了她的身体。这是他征服她的手段，是对力量的终极考验，是男子气概的胜利。
>
> ——苏珊·布朗米勒

我的结论是，强奸是没有道德准则的男人蓄意施展权力、支配和羞辱的行为，而大多数受害者都害怕，袭击者可能会杀死他们。

——苏珊·布朗米勒

仍然可以听到诸如此类的存在了几千年的错误推理。

她说，男人往往凭借“四大神话”，为自己的强奸罪辩护。第一个神话是“所有女人都想被强奸”。这种说法暗示了，即使女性说“不行”，她们实际上也是在说“可以”，进而取消了征求同意的必要。布朗米勒认为，对男人来说，相信这一点很重要，因为如果强奸以男性气概的名义实施，那么就很容易被说成女性气质暗含了对强奸的许可。于是，强奸犯可以告诉自己，他们没有做错什么。在当今的流行文化中，比如罗宾·西克在2013年发布的歌曲《模糊的界限》中，“宝贝，这是你的天性……”和“我知道你想要它”等歌词都体现了这种观点。

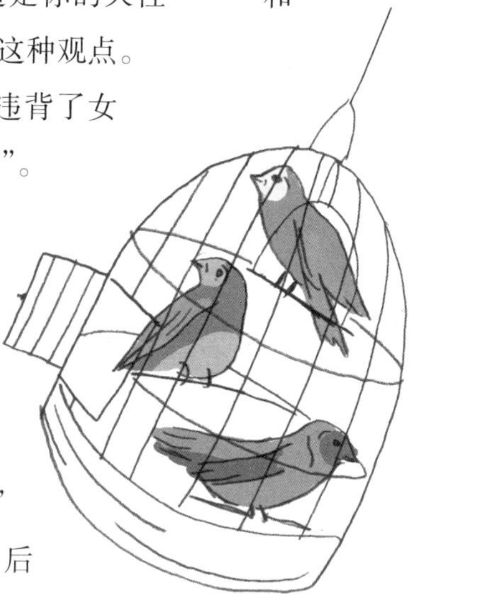

第二个神话是“如果强奸确实违背了女性的意愿，那么她们就不会被强奸”。这一神话反过来支持了第一种神话，即所有女性“确实想被强奸”。布朗米勒说，律师会在法庭上“开玩笑”说，苍蝇不叮无缝的蛋。从法律角度来看，这造成了“暴力强奸”与“非暴力强奸”之分。（记者埃里卡·埃切尔伯格后来指出，直到2011年，仍有人在使用这种荒谬的概念。例如，当时美国的共和党人将堕胎补助金的对象限定为“暴力”强奸的受害者。）

第三个神话是“她自找的”。布朗米勒说，这是“强奸犯把责任从自己身上转移到受害者身上的典型方式”。言下之意是，这个女人身上有某种东西（比如她的短裙，她的“轻率行为”，她的性经历）足以促成强奸。布朗米勒说，这种针对受害者的说法，在其他任何犯罪行为中都不存在。如果有人被谋杀，没有人会主动怀疑这是被害者的错——他们是否“促成”了这件事。她说，这个神话的悲剧在于，它给女性带来极度的不安全感，以至于许多（可能是大多数）强奸受害者事后都在为“她们自己的行为、举止、衣着引发了针对她们的可怕罪行”而痛苦万分。事实上，这只不过是“男人为了掩盖自己的暴行而投放的一种烟幕弹而已”。

第四个神话是“如果你躲不过强奸，你不妨放松一些，享受一下”。这个神话被用来故意轻视强奸对身体的侵害。它还告诉女性，她们必须接受两件事：第一，男性的胜利是不可避免的；第二，不管你怎么想，“所有女性都想被强奸”。布朗米勒指出，即使女性试图通过相信这个神话来拯救自己（比如“波士顿扼颈杀人魔”的受害者，她们试图配合，“好尽快结束逃脱”，她们还是遭到了谋杀）。

布朗米勒说，这些神话没有一个是真的。她说，男人的最后一道防线（“女人会轻松愉快地哭诉强奸”）与现实毫不相干。事实上，受害女性总是不愿意告发强奸犯，她们会因为公开曝光而感到羞耻，社会的双重标准让她们觉得自己在某种程度上要为针对她们的性侵犯行为承担责任，而且她们还害怕遭到行凶者的报复。此外，还有一个原因是，她们“得出了一个现实的结论：她们的描述会受到严厉的冷嘲热讽”，也就是说没有人会相信她们。

抉择时刻

布朗米勒说，你害怕走夜路是因为“强奸即使没有发生，也已经实现了对女性心理健康和情感健康的最终影响”，只要让女性知道她们总有被强奸的可能性就足够了。她说，这种威胁对父权制是有益的，因为如果女性“接受了一种自我保护的特殊负担”，她们就会强化如下观念：她们“必须在恐惧中生活和行动——永远不能期望自己能实现男性的个人自由、独立和自信”。正如玛丽莲·弗莱提出的那样（参见上文第25页），即使大门是敞开着的，它也能把女性关在鸟笼里。

致　谢

本书首先绝对要献给我的奶奶康妮（她曾经为《备用肋骨》杂志工作），她是我心目中的“摇滚明星”。紧接着，我要把它献给我亲爱的朋友罗米利·摩根和我的妈妈苏茜，她们都给予我无尽的灵感。感谢章鱼出版公司的优秀团队引介我撰写这本图书，也感谢我的合著者罗斯帮助我保持冷静。

塔比·杰克逊·吉

这本书献给F和C，他们向我传授了大量的生活经验！非常感谢足智多谋的合著者吉和章鱼出版公司的优秀团队，特别是插画家格雷斯·赫尔默、克莱尔·亨特利和加雷思·索思韦尔，资深编辑埃莉·科比特和出版商特雷弗·戴维斯（他一直是世界上最优秀的人之一）。

弗雷亚·罗斯